*bien*ESTAR

Aloe vera

Canevaro, Silvia
    Aloe vera / Silvia Canevaro ; traductor Mario Bernardoni. --
Bogotá : Panamericana Editorial, 2006.
    96 p. : il. ; 22 cm. — (Bienestar)
    Incluye bibliografía.
    ISBN 978-958-30-2287-6

    1. Aloe vera - Usos terapéuticos 2. Aloe vera - Variedades
3. Aloe vera - Composición 4. Plantas medicinales I. Bernardoni,
Mario, tr. II. Tít. III. Serie.
581.634 cd 20 ed.
A1089739

    CEP-Banco de la República-Biblioteca Luis Ángel Arango

Editor
Panamericana Editorial Ltda.

Director editorial
Conrado Zuluaga

Edición
Pedro José Román

Traducción
Mario Bernardoni

Diagramación
La Piragua Editores

Primera edición en Panamericana Editorial Ltda., noviembre 2006
© 2003 Rusconi Libri s.r.l, Rimini
Tutti i diritti riservati Publicado bajo acuerdo con RUSCONI LIBRI s.r.l
Copyright© 2006 de la traducción, por Panamericana Editorial Ltda.
Calle 12 No. 34-20 Tel.: 3603077 - 2770100. Fax: (57 1) 2373805
www.panamericanaeditorial.com
panaedit@panamericanaeditorial.com
Bogotá D. C., Colombia

ISBN 978-958-30-2287-6

Impreso por Panamericana Formas e Impresos S.A.
Calle 65 No. 95-28 Tel.: 4302110 - 4300355. Fax: (57 1) 2763008
Bogotá D. C., Colombia
Quien sólo actúa como impresor.

Impreso en Colombia   Printed in Colombia

Silvia Canevaro

Aloe vera

PANAMERICANA
EDITORIAL

Contenido

Introducción

El *Aloe*: aspectos etnológicos

El *Aloe* hoy y las variedades botánicas de la planta

Los componentes químicos del *Aloe*

El uso del *Aloe* y sus efectos terapéuticos

El *Aloe* en la cocina

Conclusión

Bibliografía

Introducción

¿Qué es el *Aloe*?

El *Aloe* puede ser considerada la reina indiscutible de las plantas medicinales: planta muy carnosa, parecida al género *Agave* (familia de las *Amarilidáceas*), de apariencia más bien modesta, esconde en realidad características excepcionales...

Originaria de los climas cálidos y secos, pertenece a la gran familia de las *Liliáceas*, que incluye otras plantas como el lirio, el ajo y el tulipán.

Han sido clasificadas unas 250 variedades, las cuales son muy utilizadas en fitoterapia; sin embargo solamente el *Aloe barbadensis Miller* (o *Aloe vera*) ha demostrado ser la más útil al hombre gracias a su especialísima composición química.

El nombre *Aloe* es de origen árabe y significa "amargo y transparente brillante" porque cuando se quita la cáscara de la hoja, el gel que sale se parece a un pedazo de hielo lavado y, por lo tanto, medio disuelto. Luego, gracias al griego (la raíz griega *áls – alós* significa "sustancia amarga, salada como el agua de mar") y al latín, el nombre *Aloe* ha llegado hasta nosotros.

En el mundo, el *Aloe* se conoce como: "medicine plant", "miracle plant", "burn plant" (Estados Unidos de América); "sábila" (países hispanos); "ghrita cumari" (sánscrito); "jadaim" (Malasia); "luhui" (China); "erba babosa" (Portugal); "*Aloe*" (griego, latín, italiano, ruso, alemán).

Las hojas de esta planta son gruesas y carnosas: cuando apenas son cortadas, arrojan un líquido

---

El *Aloe* en portugués

Para los portugueses el *Aloe* se llamaba *babosa* porque su líquido característico que brota al cortar sus hojas se parece a la baba que sale de la boca del buey cuando está masticando maíz.

viscoso y muy amargo. Las hojas pueden variar mucho de tamaño (de los 20 a los 60 cm) de acuerdo al tipo de terreno y exposición a la luz. Del centro de la planta sale una pequeña rama, cuya extremidad está cubierta de flores tubulares, parecidas a espigas, de colores fuertes, diferentes, de acuerdo a las innumerables variedades de la planta: amarillas, anaranjadas, rojas, blancas o a rayas.

Hoy, aunque las medicinas químicas sean muy eficientes, el uso prolongado de éstas conlleva a complejas interacciones con otras sustancias y medicamentos hasta causar en el paciente efectos colaterales indeseables. Por lo tanto, muchos consumidores y científicos están volviendo a tener en cuenta las propiedades terapéuticas de aquellas especies vegetales que han sido ignoradas y olvidadas por mucho tiempo.

El *Aloe vera* ha vuelto entonces a ocupar el centro de atención porque de esta planta pueden derivar efectivamente importantes beneficios para la salud, tanto en la curación de los síntomas como en la prevención de muchas molestias.

Del *Aloe* se utiliza la sustancia gelatinosa (gel), presentæn abundantes cantidades en las hojas, y el amargo jugo amarillento extraído de las células del parénquima de las hojas, que se endurece en contacto con el aire. El gel sirve especialmente para curar las quemaduras y las pequeñas cortaduras, favoreciendo la cicatrización y ayudando a prevenir las infecciones. El jugo es conocido desde la antigüedad como un poderoso laxante.

Si cortamos en tajadas una manzana y la dejamos expuesta al aire notamos que el fruto cambia de color rápidamente. Algo semejante se observa también con el *Aloe*: en su forma natural el gel contenido en el interior de la hoja esta protegido por la corteza exterior que conserva la humedad y protege al gel de los agentes atmosféricos.

La estabilización es el método de conservación del gel, que lo mantiene en un estado lo más cercano posible a

Entre los muchos nombres dados al Aloe *en el curso de los siglos figuran:* jugo áureo (*Paracelso*) y remedio de la armonía (*China*).

su estado original, sin perder la potencia y la eficacia propia de su hoja fresca, en el momento de la recolección.

Sin la estabilización, inevitablemente se deteriorarían las propiedades específicas de la planta.

Los principales productos obtenidos del *Aloe* son dos: de los cortes superficiales de la hoja se obtiene el jugo antracénico de extraordinarias propiedades laxantes, mientras que de los cortes más profundos de las hojas se obtiene el gel de hidrocoloides ampliamente utilizado en la dermatología cosmética.

El *Aloe* a través de los siglos: testimonios históricos

Documentos antiguos demuestran que los beneficios del *Aloe* se conocían ya en los comienzos de la civilización: sus propiedades curativas se aprovechan desde hace más de 5.000 años, transmitidos por una larguísima tradición en Occidente (egipcios, romanos, griegos), en el Oriente (Asia y babilonios, sumerios, árabes, chinos, indios) y en el "Nuevo Mundo" (mayas, aztecas, indios norteamericanos).

El testimonio escrito más antiguo acerca del uso del *Aloe* (exactamente del *Aloe vera*) se encuentra en algunas tabletas de arcilla grabadas con caracteres cuneiformes del 2000 a.C. y encontradas por arqueólogos del siglo XIX en la ciudad sumérica de Nippur (hoy Nuffar).

En 1858 el egiptólogo alemán George Ebers descubrió un papiro de alrededor del siglo XIX a.C., en el cual se describe cuidadosamente la planta de *Aloe*; además el papiro explica el uso terapéutico de la planta y la elaboración de ungüentos para uso medicinal.

Además del *Aloe*, en los papiros egipcios de Ebers y de Smith (1600 a.C.) son descritas 160 medicinas y plantas medicinales entre las cuales están el opio, el beleño y el ricino. Los egipcios conocían más de 700 medicamentos de origen vegetal y animal.

Las reinas Nefertiti (siglo XIV a.C.) y Cleopatra (70-30 a.C.) usaban el *Aloe* para acrecentar su belleza, suavizar la piel y mantener un aspecto juvenil. Además, el

Las momias egipcias y el *Aloe*

En el antiguo Egipto la fase final del complicado proceso de momificación de los cadáveres consistía en la preparación de una mezcla de betún, mirra, *Aloe* y azafrán, bálsamo y otros aromas de consistencia cerosa y color oscuro o negro, usada para cubrir el cuerpo del difunto. También el médico árabe Abu Zakarija Yahja ibn Masujah, conocido en Occidente como Juan Mesue (776 – 855), nombra al *Aloe* afirmando que sirve para proteger "los cadáveres de la putrefacción, especialmente si el *Aloe* se mezcla con mirra".

jugo de *Aloe* colocado al ingreso de las pirámides debía indicarle al difunto el camino a seguir para alcanzar el reino de los muertos, mientras el gel, contenido en las hojas, era uno de los extractos naturales utilizados en el proceso tradicional de la momificación de los cadáveres. Los hebreos, luego de años de esclavitud en Egipto, adoptaron algunos ritos funerarios egipcios y, según la leyenda, el mismo rey Salomón estimaba el *Aloe* y lo cultivaba por sus propiedades terapéuticas y aromáticas. La "cultura del *Aloe*" fue aceptada rápidamente por el mundo griego: la leyenda cuenta que el rey de Macedonia Alejandro el Grande (356-323 a.C.) durante la campaña de Egipto (332 a.C.) por sugerencia de su maestro el filósofo Aristóteles (384-322 a.C.), se dirigió a la conquista de la isla de Socotra, en el océano Índico, precisamente por disponer de una gran reserva de *Aloe*, útil para tratar las heridas de sus soldados durante las cruentas campañas militares.

Cuatro siglos más tarde, el apóstol Tomás llegó a las costas de la isla para llevar a cabo su misión evangélica y acudía al uso de la planta para curar las heridas y las llagas de los más pobres y desamparados. Él contribuyó a difundir el uso del *Aloe* en toda la India hasta el punto que la medicina ayurvédica la integró a las medicinas naturales de su farmacopea. Esto afirma la tradición; nosotros podemos pensar de un modo más histórico que la difusión del *Aloe* en Persia y en India sucedió gracias a los mercaderes árabes alrededor del 600 a.C. En el *Kamasutra* se le cita como un afrodisíaco excepcional.

Los griegos, decíamos, en sus estudios de medicina botánica y farmacológica fueron influenciados por los egipcios y los mesopotámicos. El médico más célebre de la antigua Grecia, Hipócrates (460-377 a.C.), con sus aforismos, sus recetas, sus métodos de clasificación y sus dietas, influenció a la vez al mundo romano y gran parte del mundo medieval. Fue el primero en clasificar de manera orgánica y sistemática 300 especies de plantas medicinales.

El filósofo aristotélico Teofrasto (372-287 a.C.) escribió *Historia plantarum*, un texto en el cual enumeraba todas las variedades conocidas en su tiempo, y entre éstas el *Aloe*.

El médico y naturista griego Pedanio Dioscórides (entre el 41 y el 68 d.C.), originario de Cilicia (la actual Turquía), escribió su tratado *De materia medica* mientras viajaba con el ejército romano por Asia menor. Se trata de uno de los primeros textos importantes en botánica y farmacología, en el

Cabeza momificada. Para los egipcios, la conservación de cadáveres era considerada como la preparación esencial para la eternidad; en esta delicada operación se empleaba también el Aloe *mezclado con mirra.*

Definiciones del *Aloe*

- "Virtudes mágicas", para los sumerios.
- "Planta de la inmortalidad", para los egipcios.
- "Elixir de Jerusalén", para los antiguos templarios.
- "Lirio del desierto", para los tuareg del desierto.
- "Remedio armonioso", para los sanadores de la antigua China.
- "Planta milagrosa", para los monjes cristianos, quienes desde la Edad Media han transmitido el secreto de las propiedades medicinales de esta planta.

cual se describían, entre otras cosas, las aplicaciones del *Aloe* en diferentes molestias: en la presencia de heridas y úlceras, para regular el sueño, como expectorante, para la alopecia, para las molestias intestinales y también para la curación de catarros, hemorroides, problemas en encías y dentales, ampollas, quemaduras, etc.

Dioscórides había visitado todo el Oriente como médico militar y había seleccionado terapias a base de *Aloe* útiles para unos 800 cuadros clínicos. Su farmacología fue muy apreciada, especialmente en el mundo árabe: el enorme aprecio que los musulmanes tienen al *Aloe* se remonta a la amplia difusión y fama de su obra.

Casi al tiempo, en el mundo latino Plinio el Viejo (23-79 d.C.) con su *Naturalis historia* confirmó y amplió las afirmaciones de Dioscórides, pero mezclando conocimientos científicos con creencias mágicas y supersticiosas. Algunas fórmulas, sin embargo, si bien a los ojos de un contemporáneo pueden parecer un verdadero ritual mágico, en una lectura más atenta se manifiesta una receta razonable y sensata. Por ejemplo, cuando Plinio afirma que contra la alopecia hay que masajear el cuero cabelludo con el jugo de *Aloe* mezclado con el vino, exponiéndose a los rayos del sol, no dice una cosa estrafalaria y absurda; el alcohol presente en el vino en sinergia con el calor emitido por el sol favorece la apertura de los poros, permitiendo a los principios de los nutrientes penetrar hasta el fondo y revitalizar el folículo piloso, estimulando de este modo el nuevo crecimiento del cabello.

El médico y filósofo Galeno (129-200 d.C.) en su *Ars medica* partió del concepto hipocrático de la fuerza mediadora de la naturaleza basándose en la regla del *contraria contrariis*. Él conocía casi 500 sustancias simples de origen vegetal y muchas de origen animal y mineral. Entre las preparaciones medicinales más aconsejadas por Galeno aparecía la picra, un purgante amargo a base de *Aloe*.

El *Aloe* y la *Aquilaria agallocha*

La llamada **madera de *Aloe*** (o *xiloaloe*) –de la cual se obtiene un precioso aceite aromático, que se utiliza también en la fabricación de objetos de ebanistería– no viene del tronco de plantas que pertenecen a la familia *Aloaceas*, sino del género *Aquilaria agallocha,* cultivada en China y Japón. Esta planta se parece a la familia de la *Tuia* y pertenece a la familia de las *Timoleáceas*. La madera del *Aloe*, al quemarlo, emana un olor en parte parecido al de la mirra, en parte al del azafrán, por eso era usado con frecuencia en vez del incienso. Desde la antigüedad era considerado mercancía de gran valor. Su nombre griego (*agallokon*) y el hebraico vienen del sánscrito **aguru** o **agaru**, en dialecto *aghil*, del cual procede la denominación latina *Aquilaria*. Este *Aloe* es nombrado en numerosas citas del Antiguo Testamento (*Números* 24-6; *Salmo* 45:9; *Proverbios* 7-17; *Cantar de los cantares* 1-14). Parece que fue san Jerónimo (347-420) el primero en confundir las dos plantas: él tradujo dos de las cuatro citas del *agallocha* en la Biblia (*Proverbios* y *Cantar de los cantares*) como *Aloe*. En 1629 la confusión aumenta: el filólogo francés protestante Claude Saumaise (1588 – 1653) da por seguro que todos los antiguos entendían el *Aloe* citado en el Evangelio de san Juan como el *Aloe* medicinal. Pero él cree que esto es un error y se apresura a decir que el *Aloe* del cual habla san Juan es la madera del *Aloe* de la especie *Aquilaria agallocha*. Todos los comentaristas modernos de las Sagradas Escrituras comparten sin crítica esta interpretación equivocada. En realidad el *Aloe* de san Juan no tiene nada que ver con el *agallocha*: se trata del *Aloe* medicinal, usado en todas las épocas para la conservación de los cadáveres. La madera del *Aloe* emana olor únicamente cuando es quemada, no ejerce ninguna acción antiputrefacción y nunca fue usada en el tratamiento de los cadáveres. La verdad histórico filológica fue reestablecida finalmente por Paúl Vignon. Vignon, docente universitario francés, estudioso del sagrado manto, elaboró en 1901 su teoría "vaporigráfica": teniendo en cuenta que la figura del manto está impresa en negativo sobre la sábana, se habría formado por una reacción química entre el *Aloe*, la mirra y los vapores amoniacales emanados por el cadáver. En 1978 la teoría "vaporigráfica" fue rebatida y abandonada; de todos modos, Pierluigi Baima Bollone, profesor de medicina legal de la Universidad de Torino, confirmó la presencia de restos de *Aloe*, mirra y polen de varios tipos sobre la sagrada sábana. En la medicina ayurvédica el **agar**, preparado hecho con aceite extraído del "leño del *Aloe*" (esto es la *Aquilaria agallocha*), se usa todavía para curar heridas e infecciones del ojo y del oído. El aceite esencial de Aquilaria es muy costoso porque no se extrae de la planta sana, sino de aquellos ejemplares que han sido afectados por un moho específico. El aceite es la respuesta inmunitaria producida por la planta enferma, infectada por el moho.

▲ *En la Edad Media, Venecia era el punto de distribución para todo el mundo occidental de las plantas medicinales. Canaletto,* La bahía de San Marcos hacia el Este.

Referencias al *Aloe* se encuentran en el Nuevo Testamento y especialmente en el Evangelio de Juan (19:39). En la narración de Juan, el cuerpo de Cristo había sido cubierto, por hombres piadosos, con una mezcla de aceites y sustancias aromáticas: análisis recientes de laboratorio efectuados sobre el manto, efectivamente han encontrado restos de *Aloe*, mirra y polen, plantas conocidas en Palestina en los tiempos de Cristo, confirmando así la veracidad de la narración evangélica.

También las antiguas culturas orientales, especialmente chinas e indias, apreciaban el *Aloe vera*; en las Filipinas se utilizaba con la leche para la curación de las infecciones renales. El mismo Marco Polo (1254 – 1324), en sus viajes a la China, vio que el *Aloe* se usaba frecuentemente en la curación del mal de estómago y en el tratamiento de algunas molestias dermatológicas.

En el "Nuevo Mundo", el *Aloe* era muy cultivado en México, en Yucatán, por los mayas y aztecas para sacar de sus "yemas" la bebida utilizada para los ritos colectivos, y favorecer el trance y la clarividencia. La personificación femenina del *Aloe* era la diosa Mayahuel, dispensadora de la bebida divina octli, capaz de donar a los hombres energías sobrenaturales y fertilidad. Al olvidarse la antigua sabiduría religiosa, las prácticas de magia y la vulgarización de lo sagrado y místico, el octli, fermentado y fuertemente alcohólico, se habría trasformado en la bebida del pulque, todavía muy común entre las poblaciones de América Central y sacado también del *Agave*.

El medioevo, especialmente en el periodo de las repúblicas marineras, vio florecer el mercado de las medicinas y las especias: Venecia era el punto de distribución para todo el mundo occidental de las plantas medicinales. En el siglo XIII se formaron los primeros cultivos de plantas medicinales. La botánica, como verdadera ciencia, comenzó entre finales del siglo XV y principios del siglo XVI, gracias a los descubrimientos geográficos y la invención de la imprenta. El "Nuevo Mundo" permitió conocer nuevas variedades de plantas medicinales y comestibles, imponiendo una revisión crítica de todos los conocimientos adquiridos hasta el momento. En uno de los más célebres tratados medievales, el *Liber de simplici medicina*, conocido también como *Circa instans*, del médico de Salerno Mateo Plateario (siglo XII), son descritas las propiedades

Cristóbal Colón y el descubrimiento del *Aloe*

Cuatro vegetales son indispensables para la salud del hombre: el trigo, la vid, el olivo y el *Aloe*. El primero lo alimenta, el segundo alienta el espíritu, el tercero le otorga armonía y el cuarto lo cura.

Cristóbal Colón
(1451-1506)

farmacológicas y las virtudes terapéuticas de las plantas, de los minerales y de las sustancias animales. Hablando del *Aloe* y en referencia especial al tallo leñoso, al cual se atribuían propiedades mágicas, Plateario narra cómo este tallo también crecía mágicamente en las selvas de Babilonia, y cómo desde aquí, flotando en los legendarios ríos que atravesaban la ciudad, llegaban hasta los ríos de todo el mundo. Pero de pronto, el rápido progreso de la documentación en la ciencia médica en el mundo occidental y el cambio de ubicación de la llamada "civilización" hacia zonas más templadas o frías (Europa continental) llevaron a la pérdida de popularidad

Herbarios

El estudio de la botánica nace como actividad de interés médico por la necesidad de conocer y clasificar las hierbas medicinales. Esta necesidad se encuentra documentada por las obras manuscritas de numerosos autores griegos y latinos. Los **herbarios** eran esos libros en los cuales estaban catalogadas, descritas y representadas las plantas medicinales. Entre los herbarios ilustrados más antiguos recordamos la obra del filósofo y naturista griego Teofrasto (372 – 287 a.C.), titulado *Historia plantarum*, en el cual clasificó alrededor de 500 plantas, subdividiéndolas en grupos de acuerdo a las diferentes formas (árboles frutales, subfrutales y yerbas) y distinguiendo las espontáneas de las cultivadas. A este herbario le siguieron muchos más, que desafortunadamente nunca nos llegaron, de autores menos conocidos como Crates y Diocles, obras que se iban enriqueciendo con ilustraciones en colores. Más tarde, en el siglo I d.C., el herbario ilustrado de Pedanio Dioscórides, titulado **De materia medica libri quinque**, representó el tratado de referencia para la botánica desde la Edad Media hasta el Renacimiento. Las descripciones de las plantas (alrededor de 600) son genéricas y a veces imprecisas, sin embargo esta obra se diferencia de las anteriores por una mayor sistematización, y algunos nombres de las plantas citadas tienen todavía validez, como los nombres de algunos géneros como *Anagallis, Anemona* y *Aristolochia*. La obra de Dioscóridess fue copiada y traducida a muchos idiomas, al inglés, al francés y hasta al árabe y al persa. Las traducciones fueron realizadas a veces con superficialidad e interpretación libre, dando origen a cambios en el texto que han malogrado la descripción original, falseando los caracteres morfológicos de las plantas hasta volverlas irreconocibles. La obra original de Dioscórides no ha llegado hasta nosotros; muy conocido es el código llamado **Costantinopolitanus** (512 d.C.), obra manuscrita embellecida con preciosas ilustraciones y conservada actualmente en la National Bibliotek de Viena. La costumbre de describir, representar y catalogar las plantas, interpretando y modificando los logros de los autores clásicos, dura hasta el siglo XVI. El valor histórico de estos herbarios manuscritos, a menudo sobre papiro o pergamino es, sin duda, excepcional, sin embargo la botánica como ciencia dotada de una terminología propia, técnica y especializada, aparece sólo mucho más tarde, en el siglo XVIII con el naturista sueco Carlo Linneo (1707 – 1778) autor de *Fundamenta botanica* y *Genera plantarum*. Hasta entonces, la descripción de las diferentes especies botánicas estaba impregnada de un carácter mágico–filosófico. Es el caso, por ejemplo, de muchos herbarios inspirados en las teorías del médico, filósofo y naturista suizo Paracelso (1493 – 1541) quien en su ***Doctrina de los signos*** afirmaba que todas las hierbas muestran en su aspecto su utilidad para el hombre, así las hojas en forma de corazón curarían las molestias cardiacas, la savia amarilla, curaría la ictericia, etc. En esta perspectiva, las diferentes partes de la planta eran presentadas con los correspondientes órganos del cuerpo que podían curar. Junto con estas obras, que representan una mezcla de superstición y pseudomedicina, aparecen otras de autores dotados de alguna preparación científica que apoyaron sus descripciones botánicas sobre observaciones personales directas y no sobre datos transmitidos por textos antiguos. Con la utilización hacia la mitad del siglo XV de la imprenta, aparecen, especialmente en Alemania, los primeros herbarios impresos (llamados herbarios incunables). Entre los herbarios más interesantes recordamos el de Andrea Cesalpino (1519 – 1603), botánico y médico de

Arezzo, Toscana, y el del naturista y médico de Bolonia Ulisse Aldrovandi (1522 – 1605) quien catalogó alrededor de 4.000 plantas. Aldrovandi, con su monumental obra en 360 volúmenes, fue uno de los más grandes protagonistas de la renovación de las ciencias naturales en el siglo XVI. El médico y botánico de Siena (Italia) Pietro Andrea Mattioli (1500 – 1577) fue autor de un herbario ilustrado *Comentarios a la* Materia medica *de Pedacio Dioscórides de Anazarbeo*, en el cual se describen e ilustran alrededor de 1200 plantas de uso medicinal, completando la obra de Dioscórides con bellísimas y cuidadosas tablas botánicas. El herbario ilustrado de Mattioli fue utilizado por mucho tiempo, incluso por los botánicos del siglo XVII, para la clasificación de plantas.

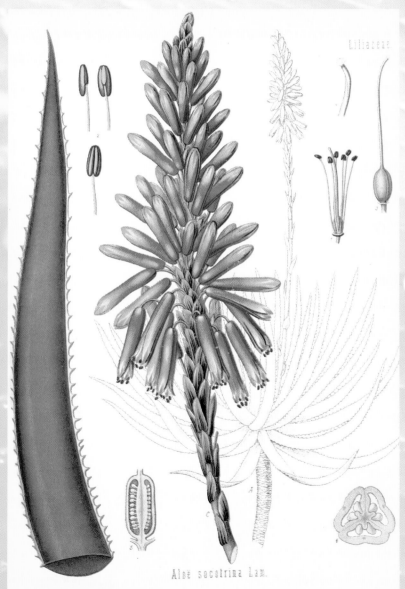

Aloë socotrina Lam.

G.W. Reynolds en 1950 clasificó alrededor de 250 tipos de Aloe. *Reynolds no clasifica estas variedades al ámbito de la familia de las* Liliáceas, *sino crea para el* Aloe *una nueva familia botánica; la de las* Aloáceas.

Ghandi

Me preguntaban cuáles eran las fuerzas secretas que me sostenían durante mis largos ayunos. Pues era mi fe invencible en Dios, mi estilo de vida sencilla y frugal y el *Aloe*, cuyos beneficios descubrí a mi llegada a Sudáfrica a finales de 1800.

Mahatma Gandhi
(1869-1948)

moderna y el desarrollo de las medicinas sintéticas.

Las culturas llamadas "primitivas", en cambio, han continuado utilizando los remedios naturales, mientras la farmacología de Occidente, desarrollada entre los siglos XIX y XX, tomaba otras direcciones.

Hacia la mitad del siglo XX, sin embargo, la ciencia se dio cuenta del efecto negativo de la oxidación sobre la calidad y la consiguiente eficacia del gel extraído de la hoja. Sólo hasta la década de 1970 los científicos descubrieron el proceso adecuado para estabilizar y conservar el gel extraído del *Aloe*, de tal manera que permaneciera

y disponibilidad del *Aloe vera*, que poco a poco dejó de utilizarse.

Al principio, no se entendió la necesidad de usar las hojas frescas para la fabricación de medicamentos eficientes y así la planta perdió credibilidad. Con el transcurso del tiempo, la gente creyó cada vez más que los extraordinarios poderes del *Aloe*, de los cuales habían oído tantas veces, tenían sus raíces en el mito y en el folclor más que en la realidad. Así, a pesar de que en las zonas tropicales, donde la planta crece espontáneamente, el *Aloe* continuaba siendo utilizado para curar las heridas y otras molestias, en el norte de Europa y de América fue abandonada en favor de los avances de la medicina

La herboristería ha vuelto a descubrir las múltiples ▷
propiedades y virtudes medicinales del Aloe vera.

idéntico al gel fresco y fuera posible comercializarlo en grandes cantidades.

La obra pionera del consejero sanitario de Berlino Max Bartels*, La medicina de los pueblos primitivos* (1893) atribuyó a los conocimientos farmacológicos de los pueblos primitivos su justa importancia. Se podría entonces hacer coincidir con esa fecha el origen de la etnofarmacología, fascinante ciencia, de la cual trataremos en el próximo capítulo. En su tratado, Bartels escribía: "Recomiendo mucho a los farmacólogos estudiarlas a fondo (las plantas medicinales)". Sólo en la década de 1940 el *Aloe* vuelve a aparecer con éxito en el tratamiento de quemaduras por radiaciones y en 1965 se usó, siempre exitosamente, para curar las úlceras pépticas. Esto representó solamente el comienzo del redescubrimiento de las múltiples propiedades y de las cualidades medicinales del *Aloe vera* como verdadera "cura milagrosa". Después, los usos medicinales del *Aloe* se han extendido de modo extraordinario al tratamiento de una larga lista de enfermedades de la piel, heridas internas y molestias corporales. Esta planta no es la panacea para todos los males, pero su gel, extraído directamente de la hoja fresca o después de una oportuna preparación y estabilización, posee excepcionales propiedades terapéuticas, antinflamatorias y nutrientes tanto para los hombres como para los animales.

Muchos testimonios dignos de crédito e investigaciones científicas confirman la eficacia del *Aloe vera* sobre abrasiones, acné, alergias en la piel, artritis, calvicie, cabello frágil, contusiones, picadura de abeja, llagas por decúbito, quemaduras, bursitis, colitis, resfriados, cortadas, eritemas, eczemas, flatulencia, cefalea, hemorroides, picadas de insectos, insomnio, pie de atleta, psoriasis, irritaciones en la piel, llagas, luxaciones, quemaduras solares, úlceras, vómito, várices, laceraciones, arrugas, y para muchísimos problemas internos, especialmente los de carácter gastrointestinal.

El *Aloe*:
aspectos etnológicos

Con excepción del jugo de *Aloe* desecado, usado como laxante, todos los productos del *Aloe* (por ejemplo aceite y mucílago) desaparecieron de la tradición médica a finales del medioevo para reaparecer luego en el siglo XX.

El uso del *Aloe vera* se vuelve a descubrir en las medicinas tradicionales de países importantes: en Inglaterra es usado como emenagogo (capaz de provocar la menstruación), medicamento estomacal (capaz de equilibrar la secreción gástrica) y antihelmíntico (como vermífugo). En China, las hojas y el gel fresco se usan como remedio casero de primeros auxilios, en México las hojas se usan para curar heridas, quemaduras, irritaciones cutáneas y hasta la lepra. En estos países el *Aloe vera* y otras especies locales (por ejemplo el *Aloe arborescens*) han sido introducidas en los tratados médicos locales.

El gel fresco se usa frecuentemente en Estados Unidos en muchas patologías dermatológicas como la psoriasis, para reducir la rasquiña y el escamado, para las quemaduras como mitigador del dolor y reparador cutáneo, en casos de acné, dermatitis, prurito (comezón), artritis, reumatismo y otras patologías. Se usa también como remedio veterinario.

El *Aloe arborescens* se usa de la misma manera que *Aloe vera* en China y en los países de la ex Unión Soviética para el tratamiento de las quemaduras. En Japón es considerado por la medicina popular un buen remedio para las disfunciones gastrointestinales, para las quemaduras, las picadas de insectos, las heridas en general y el pie de atleta: diferentes estudios han convalidado el uso confirmando así la veracidad de la tradición popular. En Filipinas las hojas se utilizan para aliviar los

▲ *Los egipcios, como sus antepasados, siguen considerando el* Aloe *como una planta de buena suerte.*

sufrimientos de los enfermos de beriberi y para la caída del pelo.

En Trinidad y Tobago el liquido del *Aloe vera* es mezclado con la clara del huevo y utilizado en el tratamiento del resfriado, asma y para tratar heridas y contusiones. Además, mezclado con agua de mar, sirve para curar la úlcera gástrica.

Los cazadores del Congo frotan sus cuerpos con hojas de *Aloe* para reducir la transpiración y eliminar así el olor personal que podría despertar sospechas y alejar las posibles presas (cacería). Los Maleses y Jamaiquinos curan el dolor de cabeza colocando una hoja de *Aloe* sobre la frente. En Cuba el remedio más común contra el resfriado corriente es una bebida a base de *Aloe*, azúcar y ron. En Colombia, los padres cubren cuidadosamente los brazos y piernas de los niños con el gel extraído de la planta para protegerlos de las picaduras de los insectos. Los indios seminoles acuden al jugo del *Aloe* en las intervenciones quirúrgicas para facilitar la cicatrización de las heridas.

Además de ser aprovechada como planta medicinal, el *Aloe* es considerada de buen agüero. Los ganaderos de Sur América, cuando emigran, llevan consigo las plantas

La farmacia de los pueblos y sus secretos: etnomedicina y etnofarmacología

La etnomedicina es la ciencia que estudia las medicinas tradicionales de los pueblos. Desde un punto de vista académico, se distingue la etnomedicina mágica de la medicina de fondo religioso y de la empírica. La etnofarmacología es una rama de la etnomedicina empírica y consiste en el estudio de los principios activos, derivados del reino mineral, vegetal y animal (mineraloterapia, fitoterapia, zooterapia), usados en el tratamiento de las enfermedades por los pueblos tradicionales. El hombre, desde siempre, busca encontrar en el ambiente que lo rodea remedios para sus dolencias psicofísicas, y todavía hoy muchas personas en todo el mundo confían en este tipo de medicina: por ejemplo, el 80% de los chinos recurre a la etnofarmacología antes que a la medicina química occidental. En países como Birmania, Laos, Vietnam y Camboya, ¡los porcentajes alcanzan el 90%! Aun en Occidente, casi el 60% de los productos vendidos en las farmacias es fruto de la tradición popular. Ahora Occidente, rico e industrializado, mira a los pueblos tradicionales; se han adelantado, por ejemplo, estudios con algunas plantas que contienen sustancias con supuestas propiedades antitumorales, mientras algunas investigaciones realizadas en África mediterránea buscan establecer una terapia que acompañe a las usadas hoy contra el SIDA. Ya experimentadas y confirmadas, en cambio, son las propiedades de las plantas galactógenas (que estimulan la producción de leche) y las propiedades cicatrizantes de los extractos naturales de algunas plantas, como el *Aloe vera*. Sobre la base de estos conocimientos, están desarrollándose numerosas investigaciones de laboratorio dirigidas a la investigación de principios activos contenidos en medicinas de la farmacología histórica y de poblaciones actuales poco conocidas, con la esperanza de obtener nuevos medicamentos. Las investigaciones más recientes en el campo de la etnomedicina han demostrado que numerosas prácticas terapéuticas de pueblos tradicionales aunque extrañas, aparentemente, encuentran amplia justificación y confirmación científica, y pueden ofrecer soluciones interesantes para la llamada sociedad civilizada. Los botánicos creen que hay 265.000 (para otros 500.000 y más) especies de plantas y que solamente un porcentaje entre el 0.5 y el 10% ha sido estudiado de forma exhaustiva desde el punto de vista de la composición química y de la utilidad terapéutica.

Versión libre de una entrevista, publicada en Internet, al Profesor Antonio Guerci, director del Departamento de Ciencias Antropológicas de la Universidad de Génova.

△ *Tanto en México como en Egipto la gente atribuye al* Aloe *un significado de buena suerte.*

del *Aloe* y frecuentemente las regalan, como señal de buena suerte, a las parejas recién casadas. Los egipcios, como sus antepasados, siguen considerando el *Aloe* como una planta de buena suerte y la utilizan para decorar la entrada de sus casas, negocios y oficinas. También en México el *Aloe* está asociada a la buena suerte y la gente confecciona con la planta las guirnaldas que luego cuelgan en el interior de las casas.

La receta del padre Romano Zago

En la década 1980, el padre Romano Zago, un fraile católico que trabajaba en una comunidad de Río Grande (Brasil), descubrió una receta popular contra el cáncer. En las misiones donde vivía era evidente que, mientras morir de hambre, desgraciadamente, era un hecho muy frecuente, morir de cáncer era un evento rarísimo. El padre Zago tuvo la oportunidad de asistir a varias curaciones ocurridas por el suministro de una mezcla compuesta de *Aloe*

Padre Romano Zago

Nació en el actual municipio de Progreso, Brasil, el 11 de agosto de 1932. A los 11 años entró en el Seminario Seráfico San Francisco en Taquari. A principios de 1952 entró al noviciado y comenzó los estudios de filosofía. Se trasladó a Divinopolis, en el Mato Grosso, para especializarse en teología y ser ordenado sacerdote. Apenas ordenado, obtuvo una cátedra en el Seminario de Taquari. En 1967 se inscribió en la Facultad de Filosofía, Ciencias y Literatura; se graduó en 1971 y se diplomó en latín, francés, español y portugués; enseñó estas materias en las casas de formación de la orden. En 1991 recibió de parte del superior general de la orden el nombramiento para prestar su trabajo al cuidado de la Tierra Santa, misión confiada a los franciscanos por los papas desde 1333. En Israel fue guía de peregrinos, maestro de los estudiantes de filosofía y profesor de latín. Estudiando la abundante cantidade de *Aloe vera* que se encuentra en la región donde estaba desarrollando su misión, reelaboró una antigua receta tradicional preparada con *Aloe vera*, miel y bebidas destiladas. Aprovechando la revista *Tierra Santa*, publicada en varios idiomas, divulgó la receta. El tema del *Aloe vera* y sus poderes terapéuticos volvieron al escenario de las noticias. La receta del padre Romano Zago desencadenó al mismo tiempo consenso entusiasta, duras críticas y una fuerte polémica.

Usos tradicionales del *Aloe* en la medicina popular de Sudáfrica

Los primeros habitantes de Sudáfrica conocían muchos usos del *Aloe*. En Sudáfrica hay unas 130 especies diferentes de *Aloe*. A algunas especies de *Aloe* se les atribuye poderes sobrenaturales y mágicos, como por ejemplo, la facultad de proteger contra los enemigos. La tribu de los xhosa utilizaba la pulpa de las hojas y el jugo amarillo (que contiene aloína) del *Aloe saponaria* y del *Aloe terrier*, para curar diferentes enfermedades parasitarias. También la tribu de los zulú combatía las lombrices con el *Aloe*, especialmente con el *Aloe marlothii*. Todas las tribus usaban además *Aloe ferox* y *saponaria* para tratar llagas infecciosas, quemaduras y eczemas. El tratamiento consistía en cortar una hoja fresca y aplicarla directamente sobre la parte infectada. Las hojas de *Aloe* se usaban tanto interna como externamente. Las hojas frescas se aplican directamente, el jugo extraído del interior de la hoja, por lo tanto sin aloína, era una bebida, mientras el jugo amargo, amarillento, con alto contenido antraquinónico, se tomaba en pequeñas cantidades como laxante.

arborescens Miller, miel y alcohol. Esta mezcla resultaba particularmente eficaz porque la acción vasodilatadora del alcohol permite que los principios activos del *Aloe* sean totalmente aprovechados por el organismo humano. La receta tomada de la tradición popular de Brasil, ha sido luego perfeccionada por el padre Zago.

Cosecha y preparación de las hojas de *Aloe*

1   El ejemplar del *Aloe* ideal para realizar la receta debe ser de la especie *arborescens* y tener por lo menos 5 años de vida.

2   La planta debe ser de un cultivo biológico y por lo tanto no debe haber sido tratada con abono químico.

3   Las hojas se deben recoger durante la noche y luego limpiarlas con cuidado con un paño, evitando el uso de agua.

4   Las espinas y las eventuales manchas se deben quitar con un cuchillo.

Ingredientes
- *300 gramos de hojas cortadas en pequeñas partes, en el sentido alargado de la hoja.*
- *1/2 kilo de miel de abejas pura.*
- *4 ó 5 cucharadas de alcohol (coñac, whisky, o grappa).*

Preparación de la infusión medicinal
Las hojas cortadas del *Aloe* se licuan con el alcohol, luego se añade poco a poco la miel

hasta obtener una crema espesa que será conservada en la nevera y aislada de la luz.

Maneras de tomarla

Mezclar con cuidado el producto cremoso obtenido. Tomar una cucharada tres veces al día, entre 15 y 30 minutos antes de las tres comidas (mañana, mediodía, noche).

Dieta y estilo de vida aconsejados durante el tratamiento con *Aloe*

1 Comer mucha fruta lejos de las comidas (es una costumbre equivocada comer la fruta al final de la comida porque provoca procesos de fermentación gástrica e intestinal).

2 Comer mucha verdura antes de las comidas (comenzar la comida con verdura cruda tiene un efecto aperitivo, digestivo y depurativo).

3 Evitar al máximo los fritos, carne de todo tipo, embutidos, huevo y quesos (es decir las proteínas animales).

4 Evitar el azúcar blanca (sustituirlo con miel de caña) y los dulces industriales de cualquier tipo.

5 Se pueden comer sin restricciones pan, arroz, pasta, polenta, mijo y otros cereales integrales. El vino se puede tomar con moderación pero es mejor tomar mucha agua.

6 Se aconseja movimiento al aire libre: paseos (caminatas), recorridos en bicicleta, etc., actividades que, además de tonificar los músculos, ayudan al organismo a eliminar las toxinas, favorecen la relajación del sistema nervioso y estimulan el buen humor.

Recordemos que las potencialidades terapéuticas efectivas de la receta del padre Romano Zago son objeto todavía de estudio de parte de la ciencia y no deben alimentar falsas esperanzas en enfermos llegados al estado terminal. No se aconseja la preparación casera de la receta sin haber consultado antes al médico personal.

El *Aloe* hoy y las variedades botánicas de la planta

Este breve recorrido histórico–etnológico, que toca también aspectos supersticiosos, demuestra que el *Aloe*, desde hace más de 4.000 años, hace parte de la medicina popular en la historia de la humanidad.

En nuestros días, después de haber sido desplazado a un segundo plano por el uso generalizado de los fármacos sintéticos modernos, el *Aloe* ha vuelto a usarse, especialmente a partir de 1851, cuando dos investigadores, Smith y Stenhouse, aislaron un componente con propiedades laxantes que llamaron aloína. De todos modos, desde 1820 la farmacopea oficial estadounidense (USP) consideraba el *Aloe* como purgante y agente protector de la piel.

En 1935, Crestor Collins y su hijo encontraron las potencialidades terapéuticas del *Aloe* en el cuidado de las molestias causadas por radiaciones nucleares (radiodermatitis);

En 1959 la Food and Drug Administration ▶ *aprobó oficialmente las propiedades terapéuticas del* Aloe.

así desde ese momento, muchos científicos realizaron un estudio más a fondo de esta planta. En 1940 un docente de la universidad de Virginia, Tom Rowe, descubrió que las propiedades medicinales de la planta se concentraban sobretodo en la cutícula de la hoja. En 1959 fue la misma FDA (*Food and Drug Administration*), correspondiente estadounidense de nuestro Ministerio de Salud, en confirmar oficialmente las propiedades terapéuticas del *Aloe*.

Llegamos así al final de la década de 1950, cuando el farmacólogo Bill Coats logró estabilizar la pulpa del *Aloe* con un procedimiento natural; de esta manera se abrieron las puertas a la comercialización para uso industrial de productos a base de *Aloe*.

Antes, la dificultad se encontraba en la oxidación del jugo que no se conservaba por mucho tiempo, alterándose rápidamente cuando era extraído en frío de la planta. Algunos investigadores intentaron resolver el problema con la exposición del gel a los rayos ultravioleta, pero este proceso alteraba su composición química; se intentó luego con la pasteurización del gel con temperaturas superiores a los 60ºC, después de añadir peróxido de hidrógeno, pero también este intento falló.

Bill Coats fue el primero en realizar un procedimiento apto para conservar las enzimas y las vitaminas presentes en el *Aloe*; este procedimiento consistía en la incubación del gel añadiendo vitamina C (ácido L – ascórbico), vitamina E (tocoferol) y sorbitol.

Cultivar el *Aloe* en casa es fácil

El *Aloe* es una planta ideal para un apartamento, porque requiere poco riego, cuidado y atención especial. Prefiere los sitios bien soleados, pero soporta también la sombra y se conforma con terrenos pobres y áridos. Las únicas condiciones realmente indispensables son un buen drenaje y una temperatura no inferior a los 4° C. Cuando en el periodo invernal la temperatura baja repentinamente, se aconseja colocar las plantas al resguardo del frío. El *Aloe* periódicamente produce yemas que pueden ser trasplantadas para dar vida a nuevos ejemplares de la planta. Se aconseja efectuar la operación de esta manera: quitar delicadamente el *Aloe* del vaso y separar las yemas de la planta madre. Replantar el *Aloe* madre en su lecho y colocar los vástagos apenas extraídos en vasos individuales.

La clasificación botánica

G.W. Reynolds en 1950 clasificó alrededor de 250 ejemplares de *Aloe*. Pero Reynolds ya no incluye estas variedades en el ámbito de la familia de las *Liliáceas*, como lo hacía la clasificación tradicional, sino crea para el *Aloe* una nueva familia botánica: las *Aloáceas*.

▲ *La superficie inferior de la hoja de* Aloe *es convexa, mientras
la superior es plana o cóncava según el grosor de la hoja.*

La clasificación botánica es, de todos modos, una cuestión compleja y muy discutida por la facilidad con la cual estas plantas cambian. Solo en África del Sur han sido catalogadas 130 especies, mientras las demás se encuentran distribuídas en otras zonas del continente africano, en Israel, India, Pakistán, Nepal, China, Tailandia, Camboya, el Caribe, España, Cuba, América Central, Suramérica, Norteamérica (Texas y Florida) y en México.

La cepa original del *Aloe*, por lo tanto, hay que buscarla (Reynolds 1966) en Sudáfrica: de allí se difundió por el Mediterráneo y el continente Americano, donde la planta ya está naturalizada.

El *Aloe* crece especialmente en zonas secas y rocosas entre los 700 y 1800 metros sobre el nivel del mar. Se trata de una planta duradera, de desarrollo herbáceo (acaule, sin tronco), arbustivo (subcaule, con tronco pequeño), o arborescente (caule, con tronco leñoso alto, hasta 9 ó 10 metros, de acuerdo al hábitat).

Las hojas, largas, grandes y gruesas, a veces lenticulares y espinosas, colocadas en rosetas o mata, tienden a expandirse y contraerse para enfrentarse a los largos periodos de sequía a que están sometidas.

El *Aloe* es una planta xerófita, lo que significa que es capaz de soportar largos periodos de sequía, pudiendo conservar el equilibrio entre la absorción y la dispersión del agua debido a especiales adaptaciones

La floración del Aloe *esta formada por una especie* ▶ *de mazorca de varias ramas muy largas y cubiertas de pequeñas flores unidas en racimos espesos.*

fisiológicas y morfológicas; logran limitar la perdida de agua por los estomas o por eventuales cortes gracias a una especial sustancia autoselladora.

Una planta de *Aloe* desarraigada y abandonada al calor resistirá durante meses y conservará intactas todas sus facultades vitales. Las hojas están revestidas de una cutícula cuyos estomas filtran el aire y el agua, debajo de esta membrana se encuentra la primera dermis celulósica que contiene cristales de oxalato de calcio y las células pericíclicas que secretan el jugo amarillento con propiedades laxantes y, finalmente, el parénquima, tejido esponjoso capaz de

▲ *El* Aloe *es una planta xerófita, lo que significa que tiene la capacidad de soportar largos periodos de sequía.*

almacenar el agua filtrada de las raíces y por las hojas, transformándola en un gel transparente amargo, muy buscado por sus propiedades curativas.

La floración del *Aloe* consta de una especie de mazorca compuesta de varios racimos. Los racimos son generalmente muy largos (hasta 1 metro) y cubiertos de muchísimas pequeñas flores de colores vivos unidas en espesos racimos.

El fruto es una cápsula en tres niveles que al abrirse permite a las numerosas semillas, oscuras y planas, salir y dar vida a nuevos ejemplares de esta planta "mágica".

Cultivo y floración

El *Aloe vera* y la variedad *arborescens*, en especial, se pueden encontrar cultivadas

o silvestres. La variedad *arborescens* es muy usada como planta ornamental en los jardines de las casas.

Las plantas del *Aloe* resisten bien al frío pero no a la humedad, algunas especies crecen en montañas donde, por algunas horas, la temperatura puede bajar hasta menos de 0ºC. El terreno donde crecen debe tener un buen drenaje y durante el invierno no requiere regadío.

Las hojas mojadas hay que secarlas pronto y es mejor no mojar el corazón de la roseta, porque se marchita fácilmente. El terreno debe ser arenoso pero rico: las plantas del *Aloe* crecen bien en terrenos muy fértiles y la falta de nutrición, sumada a un drenaje deficiente, son con frecuencia las principales causas de poco éxito en su cultivo.

Su hábitat es el típico de las zonas áridas y desérticas y puede alcanzar alturas desde pocos centímetros hasta los 5 metros, de acuerdo a la especie.

Las flores de las *Aloáceas* pueden ser blanco-verdoso, por ejemplo del *Aloe integra* de Suiza, que florece de octubre a diciembre; rosado-anaranjado del *Aloe zebrina*

(difundida comúnmente en Botswana, Namibia, Angola y Zimbawe), con florescencia de enero a marzo y de noviembre a diciembre, según el clima; rosado más intenso, con tendencia al rojo, como en el *Aloe peglerae*, con florescencia de julio a agosto.

Las plantas se multiplican normalmente separando los tallos de las yemas laterales del tronco. Se pueden reproducir también con semilla, pero esta solución requiere de tiempos prolongados y por lo mismo se utiliza poco.

Para la multiplicación se cortan las yemas y se dejan secar de 2 a 4 días de acuerdo a la temperatura y a la humedad. Se colocan en contenedores con un sustrato liviano que se debe conservar siempre muy húmedo. Los vasos deberán colocarse en una zona muy iluminada. La época más apta para estas operaciones es el periodo de verano. El *Aloe,* como se ha sugerido, puede reproducirse también por semilla, en el mes de marzo, manteniendo una temperatura de 20 a 22ºC.

El mayor peligro para la planta consiste en el asalto de parásitos, por ejemplo, la cochinilla.

Las partes de la planta y sus propiedades

La hoja del *Aloe* es el cofre que contiene preciosísimas sustancias medicinales útiles a la salud del hombre.

El estudio del *Aloe* se divide en dos grandes campos: el que examina los componentes del jugo seco y el que examina los componentes del jugo fresco, o el gel del *Aloe*. Hasta ahora en las varias farmacopeas se ha hablado del *Aloe*, entendiendo con este nombre el jugo que sale de las células pericíclicas de la endodermis, secado y reducido a polvo, que proviene de varias especies de *Aloe* y usado por sus propiedades laxantes, amargo-tónicas y purgantes. Ahora se está estudiando también la composición y propiedades del gel, especialmente el obtenido del *Aloe vera* y el *Aloe arborescens*. Este es un líquido gelatinoso opalescente, un hidrocoloide cuyo componente principal es el glucomanano y es producido por el nivel más profundo y central de hoja, el parénquima.

Se utiliza para uso externo, especialmente el obtenido del *Aloe vera*, para el tratamiento de psoriasis, eczemas, quemaduras, llagas, heridas y úlceras; mientras el gel obtenido del *Aloe arborescens* se utiliza especialmente para uso interno, para úlceras, colitis, inflamaciones, artritis, como desintoxicante y por sus propiedades estimulantes. La hoja está revestida por una corteza gruesa, una cutícula coriácea verde debajo de la cual se encuentra el parénquima, esto es una sustancia gelatinosa (gel) y traslúcida. Mientras la cutícula de la hoja es rica en principios activos llamados antraquinones (esencialmente la aloína) con especiales propiedades curativas, el gel interno es rico en polisacáridos (el acemanano, especialmente) que estimulan las defensas inmunitarias del organismo.

En el caso de la *Aloe vera* la presencia de antraquinonas y la barbaloína, especialmente, hacen del jugo obtenido sumamente desagradable y amargo: los productores del *Aloe vera* buscan por eso descortezar parcial o totalmente las hojas tanto para hacer más agradable el sabor del jugo como para suavizar el poder laxante de la bebida obtenida. Por lo que se refiere en cambio al *Aloe arborescens Miller, Aloe ferox* y el *Aloe chinensis*, el descortezamiento es un proceso más bien raro debido a las dificultades en la elaboración industrial de la hoja, de dimensiones muy pequeñas en comparación con el *Aloe vera*.

Los métodos modernos de cultivo, cosecha y elaboración permiten obtener un jugo cuyas propiedades son casi idénticas a las de la hoja fresca. Las hojas, después de lavadas, son molidas de una manera muy fina hasta obtener una masa espesa. En el caso del *Aloe vera*, si no se ha eliminado manualmente la cutícula, se procede a una filtración con carbonos activados, para reducir el contenido de antraquinonas y volver más agradable el gusto del preparado. La pulpa lograda de esta manera se vuelve luego más fluida con un procedimiento de batido mecánico que no altera las propiedades terapéuticas del producto.

Desconfíen de las casas farmacéuticas que utilizan enzimas o la exposición a temperaturas elevadas (pasteurización) para diluir la pulpa de la planta: estos procedimientos comprometen gravemente la calidad del producto final.

Productos derivados del *Aloe*

El material obtenido del gel molido y, a veces, de la corteza del *Aloe* se utiliza luego para confeccionar productos alimenticios y farmacéuticos para uso interno y producción de cosméticos de uso externo. Se aconseja al consumidor dirigirse exclusivamente a casas productoras serias y leer cuidadosamente lo que está escrito sobre la elaboración; si se adquiere jugo puro de *Aloe* lo escrito sobre la etiqueta debe ser "99.6% del jugo de *Aloe* al 100%" (el 0.4% corresponde a cuantitativos de sustancias conservantes y estabilizantes permitidos por la ley).

Además, un jugo producido con diferentes variedades de *Aloe* es preferible a un jugo producido únicamente con *Aloe vera*. Entre los productos más difundidos está el

▲ *El* Aloe *se usa en la preparación de productos cosméticos para tratamientos dermatológicos.*

Son innumerables los productos a base del jugo de *Aloe* (¡que por lo mismo contienen un porcentaje muy bajo del gel puro!) producidas por varias industrias farmacéuticas: cremas, lociones, tratamiento cara-cuerpo, champú, baño de espuma, etc.

Finalmente un mercado muy amplio es el de los alimentos, formados por el extracto seco de la planta, al que recurren especialmente atletas y deportistas. El gel del *Aloe vera* se usa en las bebidas sin alcohol que se conocen comúnmente como "jugo de *Aloe vera*": se produce normalmente partiendo del gel del *Aloe vera*, diluyéndolo con agua y mezclándolo con ácido cítrico y conservantes.

La certificación de calidad

El certificado de calidad del *Aloe* vera (CISAV), en Europa, ha sido creado precisamente por supervisores de la calidad y de la cantidad del *Aloe vera* contenida en cada producto comercializado. Se trata de un ente autónomo e independiente en relación con las casas productoras, autorizado para emitir un certificado de garantía cuando el producto esté de acuerdo a los estándares de calidad fijados. Solamente cuando el sello de la CISAV sea bien visible en la etiqueta podemos estar seguros que el producto a base de *Aloe vera* ha sido controlado.

Las tres especies medicinales más conocidas y usadas

Veamos en detalle, comparadas entre sí, las tres especies medicinales más conocidas:

gel puro para uso externo que no es otra cosa sino el jugo puro del *Aloe* tratado con conservantes y usado para aplicaciones locales con fines cosméticos (efecto antiedad, filtro solar) o terapéuticas (enfermedades de la piel, heridas, quemaduras, llagas, cicatrices, etc.).

el *Aloe barbadensis Miller* (llamada también *Aloe vera*), el *Aloe arborescens Miller*, el *Aloe ferox*.

El *Aloe barbadensis Miller* (también llamado *Aloe vera*) debe su nombre a las islas de Barbados donde se encuentra ampliamente extendido: pero está presente también en el resto de las Antillas, en el Caribe y, sobre todo, en la costa nororiental de África, desde donde probablemente se difundió originalmente.

En botánica, generalmente, se acostumbra llamar a una planta con la denominación asignada al ultimo investigador: así el *Aloe barbadensis*, de Miller, es el nombre usado actualmente por la comunidad científica, de la planta que para Lineo se llamaba *Aloe vera* y para Lamark se llamaba *Aloe vulgaris*. En síntesis el *Aloe vera* de Lineo y el *Aloe barbadensis* de Miller y el *Aloe vulgaris* de Lamark son la misma planta.

El problema del nombre por desgracia se ha complicado aún más por el hecho de que Miller bautizó *Aloe vera* a otra especie de *Aloe*, creando confusión en el ambiente botánico. De esta manera, hoy, debemos desenvolvernos entre el *Aloe barbadensis* llamado también *Aloe vera*, y otro tipo de *Aloe* llamado *Aloe vera calidad vera* para distinguirla de la primera.

Sin embargo al compararlos, es bastante fácil distinguir el *Barbadensis* del *Aloe vera calidad vera*, aun sin ser botánicos profesionales: la primera tiene las hojas recogidas en una roseta central, mientras la otra tiene las hojas sobrepuestas.

El *Aloe barbadensis Miller* puede tener una altura máxima entre 60 y 90 centímetros y alcanza la madurez productiva hacia los cinco años de edad. No tiene tronco (acauleas) y tiene la apariencia de un gran matorral con las hojas colocadas en forma circular.

La floración es en verano en forma de racimo de color amarillo.

Sus hojas carnosas y espinosas pueden alcanzar 40 ó 50 centímetros de largo con un ancho en la base que varia de los 6 a los 10 centímetros. Estas hojas, con manchas en la fase de crecimiento, toman un color verde uniforme en el estado adulto, revestidas con una película protectora que le permite a la planta filtrar el aire y el agua. Debajo de esta membrana encontramos un primer estado celulósico, que incluye los cristales de la aloína (que en esta variedad toma el nombre de barbaloína), el exudado amarillo-rosado, con propiedades laxantes y desintoxicantes. Encerrado en esta triple protección vegetal, encontramos el parénquima, un tejido incoloro

constituido por el gel curativo de la planta, riquísimo especialmente de acemanano, un azúcar complejo, dotado de excelentes propiedades cicatrizantes y antiinflamatorias. La calidad del gel y del jugo de la corteza, de todos modos, son estrictamente dependientes del tipo de clima y del regadío. Originaria de África, esta variedad del *Aloe* ha sido difundida ampliamente en el continente americano después del siglo XVI. Son grandísimas y exuberantes las plantaciones de *Aloe vera* de Florida, Arizona, Texas y en las islas del Caribe.

El *Aloe arborescens Miller* (popularmente llamado *Aloe* candelabro), confundido con frecuencia con el *Aloe mutabilis*, presenta las siguientes características: su tronco leñoso (cauleas) puede superar los 2 metros de altura y en él se soportan numerosas matas, cuyas hojas (menos carnosas y más delgadas que las del *Aloe vera*) de color gris-verde o verde claro pueden alcanzar los 50 ó 60 centímetros de largo. Las extremidades de las hojas se caracterizan por la presencia de espinas triangulares. Su zona de origen es África centromeridional. Crece espontáneamente en la provincia del Capo, en Mpumalanga y en el norte de la provincia, en Mozambique, en el KwaZulu, en Zimbawe y en Malawi.

Hoy en día está muy difundida en varias partes del globo (Rusia y Japón) y esta especie florece de mayo a julio y sus flores pueden ser amarillas, rosadas o anaranjadas. Como contiene poca agua, las hojas contienen una cantidad elevadísima de productos activos. Sin embargo, a pesar de sus indiscutibles propiedades terapéuticas, se usa poco en farmacología debido a los altos costos, por las dificultades inherentes a su elaboración industrial.

El *Aloe ferox*, finalmente, es muy robusto y su altura varia entre los 2 y los 5 metros en los ejemplares más viejos. Como en el *Aloe arborescens*, el tronco leñoso (cauleas) alcanza dimensiones notables y se extiende en complejas ramificaciones.

Sus hojas, muy carnosas, pueden alcanzar un metro de longitud y tienen una cierta variedad de colores que van del verde al gris-verde. Presenta espinas de color rojo oscuro tanto en las extremidades como en la parte inferior de la hoja.

En el mes de marzo se desarrollan las floraciones, que están bien ramificadas con en-

El *Aloe Perfoliata* y el cáñamo

De las hojas del *Aloe perfoliata*, una variedad extendida especialmente en India occidental y oriental, se sacan fibras blancas muy flexibles (llamadas *cáñamo de Aloe*) utilizadas por la población local en la producción de tejidos y telas ordinarias.

tre 5 y 12 flores rosado coral colocadas verticalmente en un solo tallo; confundida generalmente con otras especies, florece de mayo a agosto en los países tropicales (en cambio en las zonas mas septentrionales de septiembre a noviembre). Llamada también *Aloe* del Capo, *Aloe* africana, *Aloe* selvática, también originaria de África meridional; difundida especialmente en las zonas áridas de la provincia del Capo (este y oeste), en algunas zonas del sur oeste de Lesotho, en las zonas tropicales y subtropicales de América y de la India.

El gel del *Aloe ferox* es riquísimo en sales minerales, especialmente hierro (de donde surge la denominación *ferox*): por lo mismo tiene una muy buena respuesta en el tratamiento de las anemias y de las molestias relacionadas con el ciclo menstrual. Al ser pobre de otros importantes principios activos, se aconseja su consumo asociado a otras especies de *Aloe*.

Otras variedades de *Aloe*

El *Aloe aristata*, originario de Sudáfrica, carece de tronco (acaule) y en promedio su diámetro es de 10 a 20 centímetros.

Las hojas puntiagudas, de forma estrecha y alargada, presentan márgenes irregulares. En la parte inferior de las hojas, además, se encuentran pequeños relieves de color blanco, unido en haces transversales, que le confieren un especial toque de elegancia a la planta. El florecimiento se desarrolla en la cima del tronco y es de color amarillo rojizo. Cuando la temperatura es muy elevada la planta se cierra como un huevo para protegerse de la pérdida de humedad.

El *Aloe chinensis* es riquísimo en principios activos pero poco difundido y por eso poco aprovechable, además de ser carísimo. Originario de China, se difundió luego en Venezuela y en algunas zonas subtropicales del Mediterráneo. La planta tiene un desarrollo en forma de matorral (subcaule), muy desordenado, parecido a las variedades *arborescens* y *ferox*.

Las hojas de color verde esmeralda, son más bien pequeñas y angostas. Las flores de forma tubular en racimo (como todas las otras variedades de la especie) son, generalmente, de color rojo vivo y aparecen entre mayo y agosto en los países tropicales, entre septiembre y noviembre en los subtropicales.

Las hojas por su forma contienen poco gel y mucha corteza y, por lo tanto, una elevada cantidad de sustancias antraquinónicas con propiedades laxantes. Es, además, rica en sales minerales importantes como el potasio, el calcio y el magnesio. Se aconseja su uso combinado con otras variedades de *Aloe*.

El *Aloe ciliaris* es una de las pocas especies de *Aloe* trepadora. Tiene ramas de diámetro muy delgado (1 centímetro), pero puede alcanzar alturas de 5 metros.

Las hojas, que se desarrollan en el extremo de las ramas, son estrechas y puntudas y presentan en las extremidades pequeñas espinas. En el periodo que va de junio a julio produce flores en racimos, amarillas y rojas.

El *Aloe humilis*, también originario de Sudáfrica, es una de las variedades existentes más pequeñas.

Presenta hojas de 5 a 10 centímetros, curvas hacia el centro, de color verde turquesa. Las espinas pequeñas son de color blanco y están presentes tanto en la cara inferior como en la cara superior.

El florecimiento es proporcionado a la planta y es de color amarillo. La flor puede alcanzar los 4 ó 6 centímetros de largo.

El *Aloe saponaria* (*Aloe* africana) es originario de las regiones áridas y desérticas de Sudáfrica, Botswana y Zimbawe. Es una planta muy fácil de cultivar ya que se adapta bien a terrenos arenosos, pedregosos y pobres de sustancias nutritivas.

Hay que regarla muy poco y necesita de terrenos con buen drenaje.

El *Aloe soccotrina* (o de Socotra) crece en la India y especialmente en la isla de Socotra, pero es originario de la zona de la península del Cabo. Fue la primera variedad de *Aloe*, originaria de Sudáfrica, introducida en Europa. Fue llevada a Holanda en 1489 y apareció la primera vez (1691) en la *Phytographia* de Plukenet. Es muy extendida en la península del Cabo hasta la Bahía de Mossel, al este. Prefiere las paredes rocosas muy inclinadas, las fallas detríticas, las rocas en la zona costera, con frecuencia, en grupos a las orillas de los senderos de las montañas.

Las numerosas hojas en forma de huso están colocadas en roseta. Las hojas, de color verde oscuro, tendiente al gris, están punteadas de manchitas blancas y al margen presenta una serie espesa de resistentes espinas triangulares. El tronco de los ejemplares del *Aloe soccotrina* no supera el metro de altura (subcaule).

Las características florescencias en forma de espiga aparecen ya desde el invierno y alcanzan el metro de altura. Los racimos alcanzan hasta los 35 centímetros. La florescencia de sus vivos colores tubulares (largos hasta 4 centímetros), rojos y anaranjados, se dan en la primavera.

Otras variedades muy difundidas son: el *Aloe aculeata*, el *Aloe brevifolia*, el *Aloe ciliaris*, el *Aloe dichotoma*, el *Aloe excelsa*, el *Aloe blanca*, el *Aloe perfoliata*, el *Aloe pratensis*, el *Aloe ramosissima*, el *Aloe striata*, el *Aloe squarrosa* (*zanzibarica* o *zanzibarensis*).

Los componentes químicos del *Aloe*

Entre 1980 y 1990 numerosas investigaciones y análisis de laboratorio definieron con exactitud el mapa de los compuestos químicos del *Aloe*.

El *Aloe* está compuesto esencialmente por tres grandes grupos de sustancias: los polisacáridos, que son los azucares complejos incluídos en el gel interno de la hoja, dentro de los cuales sobresale el acemanano; los antraquinones, encerrados en la corteza; sustancias nutritivas de distinto tipo, como las vitaminas, las sales minerales, los aminoácidos, los ácidos orgánicos, los fosfolípidos, las enzimas, las saponinas y las ligninas.

Los polisacáridos

La mayor parte de los efectos terapéuticos del *Aloe*, viene de su contenido de polisacáridos, lo que significan glucidos complejos. Son constituidos por largas cadenas de azucares simples (glucosa y manosa). Estos elementos más pequeños pueden ser únicos (por ejemplo el acemanano, compuesto únicamente por elementos de manosa) o variados. Los polisacáridos, por su consistencia filamentosa, sirven para revestir y proteger las paredes del estómago e intestino, desarrollando un excepcional efecto gastroprotector; por esta razón los polisacáridos también pueden ser llamados mucopolisacáridos.

Los polisacáridos fortalecen, además, el sistema inmunitario no específico del hombre, aumentando las defensas contra gérmenes patógenos (portadores de enfermedades).

Otra característica específica es la de conservar la humedad y por lo tanto favorecer la hidratación de los tejidos: cuando se aplica el gel del *Aloe* sobre la piel, las cadenas de polisacáridos originan una pequeña película semipermeable que da a la piel un aspecto fresco y suave.

El acemanano, como ya se ha indicado, es el mucopolisacárido más activo e importante entre los presentes en el *Aloe*; desarrolla en el organismo una actividad germicida, bactericida, antifúngica, con efectos positivos sobre todo en el sistema gastrointestinal e inmunitario. El acemanano cubre las paredes del estómago y el intestino, reforzando su permeabilidad, su capacidad de absorber las sustancias nutritivas y de expeler las toxinas.

Efectos benéficos aportados por los polisacáridos

1 En aplicaciones externas, el gel posee efectos antiinflamatorios, influenciando las sustancias que participan en las reacciones inflamatorias y ante el dolor.

2 Tanto el gel como el jugo amargo del *Aloe* detienen la proliferación de bacterias y de hongos lesivos para el hombre.

3 Experimentos de laboratorio han comprobado que el gel del *Aloe* estimula la producción de linfocitos y de linfoblastos en la piel y en los tejidos anexos, lo que puede acelerar la cicatrización de las llagas.

4 El acemanano parece que puede reforzar el sistema inmunitario. Ayuda a formar en las membranas de las células una

pantalla protectora contra los gérmenes patógenos agresivos.

5 Generalmente, se ha observado un efecto antiedematoso de los polisacáridos sobre el hombre, probablemente debido a su capacidad de retener agua. Esto significa que pueden reducir el estancamiento de líquidos en los tejidos, en diferentes partes del cuerpo.

Las antraquinonas

Se trata de analgésicos naturales con exclusivas propiedades bactericidas y antivirales. Son compuestos orgánicos de color amarillo cristalino que confieren al jugo de *Aloe* un sabor típicamente amargo y desagradable. Las principales antraquinonas presentes en el *Aloe* son: la aloína, la aloemodina, el ácido aloético, el ácido cinámico, el ácido crisofánico. Estos compuestos regulan la actividad del intestino obrando directamente sobre el movimiento peristáltico (contracción de los músculos intestinales) y facilitando así la acción laxante.

Consecuencias generadas por la carencia de las principales vitaminas hidrosolubles

Vitamina B1 (tiamina): la hipovitaminosis causa astenia, irritabilidad, depresión, vómito, anorexia, incapacidad para concentrarse y escaso rendimiento muscular. Si no se interviene pronto, el síndrome se agrava hasta desembocar en la enfermedad de beriberi (palabra derivada del singalés que significa "debilidad extrema") caracterizada por debilidad, pérdida de peso, anorexia y molestias en el sistema cardiovascular y urinario. Se pueden presentar carencias en el embarazo y la lactancia, por el ejercicio físico intenso, diarrea, neoplasias. La tolerancia del organismo al consumo de tiamina es alta y no se conocen riesgos particulares referidos a la sobredosis.

Vitamina B2 (riboflavina): la hipovitaminosis causa lesiones en la piel alrededor de los labios y en las zonas genitales. No se conocen riesgo en la sobredosis.

Vitamina PP (niacina): Su carencia en el organismo era responsable de la pelagra. Riesgos por sobredosis: dosis muy altas (100 veces superiores a la necesidad normal) pueden causar daños en el hígado e ictericia.

Vitamina B5 (ácido pantoténico): No se conocen riesgos especiales debidos a sobredosis.

Vitamina B6 (piridoxina): Su carencia vuelve lisa la lengua. En cambio, dosis elevadas y por mucho tiempo producen dificultades en el movimiento de las manos, piernas y boca.

Vitamina B9 (ácido fólico): su carencia causa anemias metabólicas. Riesgos por sobredosis: una dosis 10 veces superior a la necesaria causa molestias digestivas y urinarias.

Vitamina B12 (cobalamina): Su carencia causa anemia megaloblástica, no se conocen riesgos particulares en caso de sobredosis.

Vitamina C (ácido ascórbico): Su falta en el organismo produce escorbuto, una grave enfermedad caracterizada por hemorragias, adelgazamiento grave y molestias gastrointestinales.

Las antraquinonas están concentradas en el tronco de la planta mientras en la hoja se concentran en el estrato cuticular más exterior. En la preparación de productos a base de *Aloe* es, por lo tanto, posible calibrar la intensidad del efecto laxante procediendo a descortezar la hoja o filtrar parcialmente el jugo con carbones activados. Las antraquinonas están presentes también en otras especies vegetales, utilizadas para la elaboración de medicamentos laxantes o digestivos: ruibarbo, casia, cáscara sagrada, sen y frangula.

La aloína es el principio activo que caracteriza a la planta del *Aloe*: si la variedad del *Aloe* en cuestión es *barbadensis*, entonces se trata de barbaloína, si la variedad es la *soccotrina,* de socaloína, etc.

Su jugo amarillo oscuro es desintoxicante, purgante y antibiótico. La aloína por sí misma sería tan sólo ligeramente laxante, pero en la flora intestinal del hombre se trasforma en emodina y así desarrolla todo su potencial purgante.

La mayoría de las especies tienen un contenido entre 10 y 20% de aloína, pero algunos ejemplares alcanzan 30%. Una sola planta de *Aloe barbadensis Miller* (*Aloe vera*) puede tener un contenido de hasta 57% de barbaloína.

La más alta concentración de barbaloína se encuentra en los exudados de las hojas jóvenes maduras, mientras disminuye en las hojas más viejas hacia la base de la planta.

La FDA estadounidense (*Food and Drug Administration*) ha establecido que los productos a base de *Aloe barbadensis Miller*, presentes en el comercio en forma de jugo, pastillas y otros, no deben contener mas de 50 partes de aloína por cada millón.

Una sobredosis causa dolores abdominales, diarrea sanguinolenta, gastritis hemorrágica y, a veces, nefritis. La aloína favorece la secreción de electrolitos y del agua por el intestino mediante el aumento de la presión interna, que estimula el movimiento peristáltico.

También la aloemodina posee cualidades laxantes y bactericidas y, según algunos estudios recientes, parece evitar la proliferación de las células tumorales.

El ácido cinámico (del cual es rica también la canela) es un antiséptico y germicida importante.

Estudios recientes han descubierto que la acción combinada de la aloína, aloemodina y ácido cinámico desarrolla una actividad

Alimentos que contienen elevada cantidad de las principales vitaminas hidrosolubles

Vitamina B1 (tiamina): presente en altas concentraciones en la levadura de la cerveza y en el germen de los cereales; en dosis inferiores en la carne, hígado y riñones, en el jamón crudo, las legumbres frescas y secas (por ejemplo en los frijoles y las lentejas), el huevo (yema), la leche, las papas, la fruta, los cereales y las avellanas. El pan, arroz y pasta no contienen muchísima tiamina pero, como se consumen en gran cantidad, en términos globales aportan la mayor cantidad en nuestra dieta.

Vitamina B2 (riboflavina): presente en la levadura, la leche y sus derivados, la carne y algunas verduras.

Vitamina PP (niacina): presente en la carne, el pescado, en los cereales integrales y en las legumbres.

Vitamina B5 (ácido pantoténico): presente en todos los alimentos, en especial nueces, huevos y vegetales.

Vitamina B6 (piridoxina): presente en cereales, arveja, carne y banano.

Vitamina B9 (ácido fólico): presente en muchos vegetales, especialmente los de hoja ancha, en la carne (hígado y riñones) y pescado.

Vitamina B12 (cobalamina): presente en la carne, pescado, huevos y leche.

Vitamina C (ácido L – ascórbico): presente en vegetales y cereales.

Consecuencias de la carencia de las principales vitaminas liposolubles

Vitamina A (retinol): La hipovitaminosis causa malformaciones óseas, retardo en el desarrollo, xeroftalmia (queratizacion de los tejidos oculares), hemeralopia (ceguera crepuscular), cefalea, vómito, lesiones cutáneas, anorexia.

Vitamina D (calciferol): raquitismo (deformación en los huesos) en los niños, osteomalacia en los adultos, que se manifiesta con fuerte descalcificación y rarefacción de los huesos del tórax, la cadera y de las extremidades, vómito, diarrea, pérdida de peso, lesiones en los riñones. El sujeto adulto normal probablemente absorbe suficientes cantidades de vitamina estando expuesto al sol. Creemos que el organismo adulto, con una alimentación mixta y con una exposición suficiente a la luz solar, no tenga necesidad de tomar vitamina D como tal.

Vitamina E (tocoferol): difícil de diagnosticar, la carencia de vitamina E está relacionada con una numerosa casuística de lesiones musculares como la distrofia muscular y algunas formas de anemia.

antibiótica, germicida y bactericida capaz de contrarrestar hasta la salmonelosis y la bacteria responsable de la úlcera péptica. El ácido crisofánico desarrolla una eficiente función laxante, depurativa, diurética y facilita la secreción biliar; realiza, además de todo lo anterior, una potente acción fungicida a nivel intestinal.

En el jugo del *Aloe* está también presente una cierta cantidad de ácido salicílico, analgésico y antiséptico natural, en el uso tópico favorece la eliminación de las células muertas.

Las vitaminas del *Aloe*

Las vitaminas son compuestos orgánicos de diferente estructura química, necesarios en todos los seres vivientes para el desarrollo de las normales actividades metabólicas. Pueden ser sintetizadas sólo por las plantas; los humanos por lo tanto las deben conseguir indirectamente, ingiriendo vegetales o animales que se nutren con ellas. Excepto la vitamina D, que puede ser sintetizada autónomamente por el organismo, todas las demás deben estar presentes en la dieta.

Las vitaminas conocidas actualmente son 13 y los científicos las dividen en dos grandes grupos: las que se disuelven en agua, y por lo tanto se llaman "hidrosolubles", y las que se disuelven en grasas, llamadas "liposolubles".

Las vitaminas hidrosolubles no se acumulan en el organismo y por eso es necesario consumir una cierta cantidad diaria.

Las vitaminas hidrosolubles se absorben fácilmente, se reparten libremente en los líquidos intra y extra celulares y, superado un determinado límite, son eliminadas por la orina. En general y exceptuando la vitamina B12, no se acumulan y por lo tanto no desarrollan efectos tóxicos.

Las vitaminas liposolubles, en cambio, pueden acumularse en el hígado para sustituir eventuales necesidades posteriores; si se toman en cantidad excesiva provocan daños graves a la salud (hipervitaminosis). Por eso, no se debe abusar sino recurrir solamente en caso de cierta necesidad real a los complejos vitamínicos (en forma de píldoras farmacéuticas o de preparados concentrados de herboristería).

Entre las vitaminas hidrosolubles presentes en el *Aloe* sobresalen las del grupo B y la vitamina C, entre las vitaminas liposolubles la A, D y E.

En seguida sintetizamos las propiedades fundamentales de las vitaminas en el jugo de *Aloe*.

Vitamina A (o retinol): óptimo regenerador celular. Muy eficiente en la terapia para acné y psoriasis, la vitamina A es utilizada ampliamente por la industria cosmética en productos para la prevención del envejecimiento de la piel. Influye en la visión y su carencia en el organismo provoca ceguera nocturna. Favorece y promueve la nutrición, el crecimiento y la actividad vital de todos los tejidos orgánicos, especialmente los epitelios, las mucosas y los ojos.

Por su función específica sobre la actividad de la retina del ojo y por su composición química, se le ha dado el nombre de "retinol".

Vitamina B1 (o tiamina): facilita la digestión y particularmente el metabolismo de los carbohidratos. Protege el sistema nervioso y fortalece al aparato cardiaco. Fue la primera vitamina del grupo B en ser descubierta. Fue identificada a comienzos de la década de 1930, como agente relacionado con el beriberi, una enfermedad paralizante que ha golpeado durante siglos

Alimentos que contienen elevada cantidad de las principales vitaminas liposolubles

Vitamina A (o retinol): presente en el hígado, mantequilla, huevos y quesos. En los vegetales está presente como provitamina A, especialmente en la zanahoria, brócoli, espinaca e hinojo.

Vitamina D (o calciferol): presente en el hígado y vísceras de los peces, leche y sus derivados, huevos. En los vegetales está presente como provitamina D.

Vitamina E (o tocoferol): presente en los aceites vegetales, leche y sus derivados, yema del huevo, carnes, pescados, cereales (maíz, trigo y arroz), en las legumbres y en las hortalizas con hojas.

▲ *Una correcta y equilibrada alimentación contribuye a mantener la buena salud.*

a los pueblos orientales. Tratándose de una vitamina hidrosoluble, los alimentos la pierden cuando son hervidos; en cambio soporta una ligera calefacción sin agua como también la congelación. Favorece la transformación del alimento en energía y ayuda al organismo a aprovechar la propia energía. Es indispensable para los procesos digestivos y estimula las actividades del corazón, de los músculos y del aparato digestivo. Interviene después en numerosas reacciones, en la transmisión nerviosa a nivel central; por este motivo algunos autores sostienen que la tiamina es útil para la salud mental.

Vitamina B2 (o riboflavina): generalmente facilita la trasformación en el organismo de las proteínas, los carbohidratos, el hierro, favoreciendo así la transformación del alimento en energía. Es la vitamina indispensable para garantizar que el organismo tome los elementos nutritivos aportados por los alimentos. Mejora el cabello, la piel y las uñas, combate la anemia favoreciendo la absorción de hierro.

Vitamina PP (o niacina): participa en la producción de energía, en el metabolismo de los carbohidratos y en la síntesis de grasas y es, por lo tanto, un buen antídoto contra el exceso de colesterol. Es, además, un óptimo desintoxicante.

Vitamina B5 (o ácido pantoténico): se llama así (del griego *pan*, todo) porque se encuentra prácticamente en todos los alimentos. Esta vitamina tiene tres efectos principales: óptimo hidratante, estimula la regeneración de las células cutáneas y tiene propiedades antinflamatorias especiales. En relación con el cabello tiene la propiedad de conservar la humedad evitando que se vuelva seco y frágil después de largas exposiciones a los fuertes rayos solares.

Vitamina B6 (o piridoxina): se considera como una de las más importantes de todo el grupo B, como protectora del sistema inmunitario. Regula el sistema nervioso favoreciendo las conexiones eléctricas entre el sistema central y periférico.

Vitamina B9 (o ácido fólico): se llama así porque fue extraída por primera vez de las hojas de la espinaca.

Regula la síntesis de proteínas, tiene importantes propiedades antianémicas y ejerce un rol importante en la prevención de las masas tumorales. Tiene un rol esencial en la prevención de algunas gravísimas malformaciones neurológicas fetales, como espina bífida, anencefalia (ausencia o reducción del volumen cerebral) y otras deficiencias del tubo neural (el tejido del cual se originan el cerebro y la médula espinal), hasta el punto que las autoridades sanitarias de muchos países recomiendan a las mujeres embarazadas suplementos de ácido fólico durante las primeras seis semanas de embarazo, es decir en el periodo de mayor riesgo para la manifestación de estas malformaciones.

Vitamina B12 (o cobalamina): dona al organismo energía y vitalidad; favorece la concentración y refuerza las capacidades de la memoria.

Tiene propiedades antianémicas pues participa en la síntesis de la hemoglobina. Recientemente se ha observado un efecto de protección contra lesiones precancerígenas del pulmón en personas fumadoras. Su acción de activador del metabolismo de las proteínas la señala particularmente como indicada para favorecer el crecimiento, en estados de debilidad, después de intervenciones quirúrgicas y en las personas ancianas.

Vitamina C (o ácido ascórbico): ayuda al sistema inmunitario y protege al organismo. Es antioxidante, favorece la absorción del hierro, estimula la formación del colágeno. Antiguamente su carencia producía escorbuto. Algunas investigaciones le atribuyen un rol importante en la prevención de los tumores.

El exceso del ácido ascórbico se elimina por la orina, las heces y el sudor. El calor y eventuales tratamientos de conservación pueden volver inactiva esta molécula, que de esta forma pierde toda su eficiencia.

Vitamina D (o calciferol): regula el metabolismo del calcio y del fósforo para el proceso de osificación, favoreciendo el consumo de minerales. Como las otras vitaminas liposolubles, también la vitamina D es absorbida a nivel intestinal junto con los lípidos. El órgano donde se deposita es el hígado.

Vitamina E (o tocoferol): óptimo antioxidante y regenerador celular. Funciona como antitóxico previniendo los daños de la membrana celular, protege y mejora la piel. Ayuda en la prevención de molestias del aparato cardio circulatorio, elevando el nivel de colesterol "bueno" en la sangre (HDL), alivia el dolor causado por la angina de pecho.

Sales minerales

El contenido específico de las sales minerales varía de acuerdo al lugar de cultivo de la planta de *Aloe*. De todos modos, generalmente, el *Aloe* es riquísimo en sales minerales. Anotamos en seguida una breve lista de los minerales presentes en casi todas las variedades de *Aloe*: **hierro, cromo, calcio, fósforo, magnesio, manganeso, potasio, cobre, sodio, zinc.** El

hierro es un componente esencial de la hemoglobina de la sangre y su carencia causa la anemia. Se encuentra en las carnes, legumbres, cereales, huevos, frutos de mar y vegetales de hojas verde oscuro. El exceso de hierro en los niños puede causar un retraso en el crecimiento.

El **cromo** favorece la actividad enzimática y regula el nivel de glicemia y colesterol en la sangre.

El **calcio** refuerza el sistema osteoarticular y su carencia en el organismo puede producir osteoporosis, artritis y molestias reumáticas. Interviene, además, en la coagulación de la sangre, en el ritmo cardiaco, reforzando la contracción del miocardio, y la transmisión de los impulsos nerviosos. Se encuentra en el agua, la leche, los vegetales de hoja verde oscuro y en las legumbres secas. Un exceso de calcio puede causar formación de cálculos e insuficiencia renal, nauseas, vómito y pérdida del apetito; a nivel nervioso, cansancio, debilidad muscular, somnolencia; a nivel cardiaco taquicardia.

El **fósforo** asociado con el calcio, favorece el proceso de mineralización de los huesos, además acelera la actividad metabólica de los músculos dándoles energía, tono y vigor.

El **magnesio** y el **manganeso** mejoran la funcionalidad de la musculatura, regulan el latido cardiaco, siendo una verdadera panacea en los casos de arritmia y angina de pecho. Desarrollan una acción tranquilizante y antidepresiva, siendo de gran utilidad en el tratamiento del síntoma premenstrual. El magnesio favorece la fijación del calcio y del fósforo en los huesos, es un activador del metabolismo, favorece la síntesis de las proteínas, es un equilibrador y sedante del sistema nervioso y, con el calcio, asegura la coordinación entre el cerebro y los músculos, interviene sobre el sistema cardiovascular. Se encuentra en el cacao, cereales, legumbres, frutas secas (nueces). Los principales riesgos de sobredosis ocurren en la presencia de insuficiencia renal o cuando se toman medicinas a base de magnesio.

El **potasio** elimina los desechos del organismo, combate la hipertensión y mejora la actuación de los atletas. Regula la calidad del agua en las células, aumenta la excitabilidad neuromuscular, interviene en la constitución de las proteínas y en la síntesis del glicógeno (el derivado de la glucosa utilizada como fuente de energía en las células) en el hígado. Se encuentra especialmente en las verduras, frutas, levaduras, legumbres y frutas secas, chocolate, carne y leche. La sobredosis puede causar arritmias y baja de la presión arterial.

El **cobre** tiene función antioxidante y antiflogística: es útil en el tratamiento de la artritis y de muchas molestias articulares.

El **sodio** regula el equilibrio de los líquidos en el organismo y la condición de los impulsos nerviosos que permiten realizar las contracciones musculares. Nuestra dieta, en general, es tan rica en sal y el problema no es la carencia sino el exceso de este mineral. No existen alimentos sin sal, lo importante es conocer los que tienen

menos. El mayor riesgo esta ligado al aumento de la presión arterial.

El **zinc,** finalmente, puede estimular el sistema inmunitario, regenera las células, desarrolla una importante acción antinflamatoria y estimula el deseo sexual masculino.

Los aminoácidos

El cuerpo humano para funcionar necesita de 22 aminoácidos (los constituyentes elementales, llamados "ladrillos" de las proteínas). Éstos se subdividen en esenciales, no esenciales y semiesenciales.

El *Aloe* provee 20, por sí sólo, 7 de los cuales son aminoácidos esenciales que el organismo no puede sintetizar por sí mismo: **fenialanina**, **isoleucina**, **lisina**, **metionina**, **treonina** y **valina**.

Entre los aminoácidos no esenciales (los que el organismo en condiciones normales puede fabricar autónomamente en la cantidad necesaria) el *Aloe* contiene: **aspartato**, **glutamato**, **alanina**, **L-arginina**, **glicina**, **glutamina**, **hidroxiprolina**, **histidina**, **prolina** y **serina**.

Los aminoácidos semiesenciales del *Aloe*, son la **cisteina** y la **tirosina**.

Las enzimas

Las enzimas son sustancias proteícas que hacen posible el desarrollo de reacciones importantes en el organismo. **Lipasa** y **proteasa**, en especial, son enzimas que favorecen la digestión de las grasas y las proteínas respectivamente: ambas están presentes en el *Aloe*, que contiene además la enzima **carboxipeptidasa** con capacidad de obrar sobre la inflamación de los tejidos, desarrollando una acción analgésica y favoreciendo el proceso de cicatrización de las heridas.

La lignina

Es una sustancia compleja no fibrosa que se origina en la transformación de moléculas de celulosa. De color amarillo marrón, confiere al gel del *Aloe* su extraordinaria capacidad de penetrar en los estratos más profundos de la piel.

Las saponinas

Se trata de glucósidos extraídos de la raíz de las plantas. Las saponinas son polvos solubles fuertemente detergentes, dotados de un gran poder antiséptico, antimicrobiano y antibacteriano.

Las saponinas del *Aloe* resultan eficaces en casos de infección por bacterias, microbios, virus, hongos y levaduras.

Los esteroles

Hacen parte de la familia de los esteroides: son antinflamatorios naturales y en el gel de *Aloe vera* se encuentran cuatro con especiales propiedades antinflamatorias: el **colesterol**, el **B-sitosterol**, el **campesterol** y el **lupéolo**.

Entre éstos reviste una especial importancia el **lupéolo** por sus especiales propiedades analgésicas, antisépticas y purificantes.

Uso del *Aloe* y sus efectos terapéuticos

Los efectos terapéuticos mencionados en las siguientes páginas, son confirmados por una milenaria tradición cultural etnomédica, por la experiencia de los usuarios actuales y por los experimentos científicos realizados en muchos países, como Japón, Estados Unidos y Sudáfrica.

Muy conocido como remedio doméstico es el gel fresco del *Aloe vera*. Por este motivo en los Estados Unidos el *Aloe vera* es llamado popularmente "la planta de las quemazones" o "planta de primeros auxilios". Cuando está fresco, el gel tiene la propiedad de facilitar la cicatrización de las heridas y muestra también propiedades hidratantes y emolientes. La planta se usa mucho para estos fines como remedio casero; se trata del remedio popular más difundido entre la población norteamericana. Esencialmente es útil para estos fines:

- Como coadyuvante en el tratamiento de quemaduras incluida la insolación.

- Para el tratamiento complementario de dolores articulares, reumatismo y algunas formas de artritis.

- Para favorecer la curación completa de las llagas y heridas de operaciones quirúrgicas;

- Como coadyuvante en el tratamiento de algunas alergias y en casos de eczemas y psoriasis.

- Para la higiene y la desinfección de las mucosas orales inflamadas.

- Para combatir el envejecimiento celular y la producción de radicales libres, regenerando la piel en profundidad gracias a la producción de colágeno y elastina.

- Para hidratar la piel (lociones, cremas y pomadas para aliviar la irritación de la piel después de la afeitada, etc.).

- Para aumentar las defensas no específicas y disminuir la sensibilidad a diversas infecciones.

Advertencias

Como en cualquier otro medicamento o terapia, los principios activos del *Aloe vera* presentan una eficiencia mayor o menor de acuerdo a cada caso. Se entiende que una persona con patologías graves no puede confiar exclusivamente en terapias basadas sobre preparaciones botánicas. El médico sabrá aconsejar la conveniente combinación y adecuada sinergia entre fármacos tradicionales y remedios naturales.

Las mujeres embarazadas deben evitar el uso interno de productos a base de jugo de *Aloe*: la fuerte concentración de aloína estimula el movimiento peristáltico del intestino y podría provocar movimientos

El *Aloe* se cura a sí mismo

Un pequeño experimento sirve para aclarar este concepto: si se corta con un cuchillo una hoja fresca de *Aloe* se ve con cuánta rapidez la planta se cura a sí misma. Al inicio del corte se forma un exudado que después de algunos minutos se transforma en una nueva película que cicatriza la herida. La propiedad de regeneración se mantiene también en las hojas conservadas en un lugar fresco (2 ó 3°C) por 10 días.

peristálticos uterinos, causando el aborto espontáneo del feto. Esta advertencia no se aplica, en cambio, a las aplicaciones externas de los productos aloinizados, que se pueden usar sin temor.

Finalmente se aconseja a los pacientes diabéticos tomar el *Aloe* solamente bajo estricto control médico: pues el *Aloe* estimula la producción de insulina por parte del páncreas y provoca en los pacientes diabéticos un estado hipoglicémico (baja de la presión, hipotonía muscular, pérdida de la vista, etc.). **El médico deberá ser consultado antes de tomar *Aloe* por vía oral también al presentar estas condiciones:**

1 Menstruaciones (el estimulo del endometrio puede desencadenar un flujo hemorrágico intenso).

2 Enfermedad de Crohn.

3 Colitis ulcerativa y otras enfermedades graves del tracto gastrointestinal.

4 Apendicitis u otras enfermedades inflamatorias del intestino.

5 Lactancia.

6 Niños menores de 12 años.

7 Toma de fármacos sintéticos como glucósidos digitálicos, corticoesteroides y diuréticos tiazídicos.

Patologías tratables

A

Abscesos: la presencia de pus en una parte determinada del cuerpo (frecuentemente el absceso de las encías, de las glándulas sudoríparas axilares y del seno, *ver* **Mastitis**) puede ser tratada eficazmente con aplicaciones de jugo de *Aloe* y miel. El efecto antibacteriano del *Aloe* disminuirá el absceso, mientras su poder cicatrizante será también benéfico en el tratamiento del absceso drenado.

Acidez de estómago (o **pirosis gástrica**): el ardor de estómago se debe a la irritación de la mucosa gástrica causada por alimentos picantes, alcohol o la infección del tubo digestivo. La sensación de ardor parte del centro del tórax y se extiende desde la punta del esternón hasta la garganta.

Gracias al efecto gastroprotector del acemanano, el *Aloe vera* normaliza el ph, reduce los fermentos y favorece el equilibrio de la flora bacteriana, mejorando la absorción de sustancias nutritivas y la eliminación de los desechos. Se aconseja dosis de 2 cucharadas de jugo puro de *Aloe* antes

de las comidas. El tratamiento sistemático con jugo de *Aloe* alivia también en caso de úlceras y perforaciones gástricas.

Acné: Enfermedad crónica de la piel producida por la inflamación de los folículos pilosos obstruidos por el sebo. El tipo de acné mas difundido es el acné vulgar (crónico) que afecta especialmente a los adolescentes y es causado por el desarrollo hormonal de la pubertad. El acné también puede resultar del consumo de algunos fármacos (por ejemplo andrógenos, barbitúricos, corticoesteroides) y de sustancias tóxicas y sus manifestaciones más comunes son comezones, pústulas y quistes. Las partes afectadas con más frecuencia por el acné son la cara, el cuello, los hombros y la parte superior del dorso.
Las propiedades de los ácidos crisofánico, cinámico y acemanano influyen particularmente sobre esta inflamatoria. Se sugiere utilizar jabón a base de *Aloe* para la limpieza diaria de la cara y aplicar localmente el gel dos o tres veces al día. Otra sugerencia es no limpiar la piel más veces de lo sugerido: limpiezas demasiado frecuentes limitan y aun se pueden volver contraproducentes, porque secan e irritan la piel. En los casos más graves y difíciles, además del tratamiento tópico se aconseja tomar 2 cucharadas de jugo puro de *Aloe* por la mañana.

Acné rosácea: enfermedad crónica de la piel que afecta la nariz y las mejillas. La molestia, probablemente desencadenada por una disfunción glandular o gastrointestinal, se manifiesta con eritema de la piel y la aparición de pústulas de acné. El uso de *Aloe* en este caso es una alternativa válida a la terapia antibiótica (tetraciclina), normalmente recetada para el tratamiento de esta patología. El jugo puro de *Aloe* (2 cucharadas), tomado tres veces al día por un par de meses, generalmente consigue óptimos resultados.

Actinomicosis: infección de la boca y de los maxilares causada por bacterias del genero **Actinomyces**: el *Aloe* tiene alguna eficacia terapéutica en la fase inicial de la infección aplicando varios enjuagues (3 cucharaditas de *Aloe* disueltos en una taza de agua caliente). Si la infección se manifiesta de manera fuerte o se encuentra en la fase más avanzada, entonces es indispensable acudir a la intervención del médico.

Aerofagia: *ver* **Meteorismo**

Agotamiento nervioso: situación de malestar psicofísico, caracterizado por una fuerte inestabilidad emocional, irritabilidad, falta de concentración y debilidad.
Los principios activos del *Aloe* permiten contrarrestar eficazmente esta molestia muy extendida: la dosis aconsejada es de 2 cucharadas de jugo de *Aloe* tres veces al día durante al menos 1 mes.

Alergia a las fresas: en los primeros síntomas de la aparición de este fastidiosísimo eritema que afecta especialmente la cara y el cuello se aconseja friccionar la piel con jugo puro de *Aloe*, diluido en partes iguales en agua tibia o con una pomada a base de *Aloe*. El acemanano y la enzima bradiquinasa ayudan al organismo a detener la reacción alérgica hasta su total regresión.
Se aconseja a las personas que sufren a alergias (a las fresas o a cualquier otro agente) y que nunca haya usado productos a base de *Aloe*, efectuar por cautela el test de tolerancia que se encuentra en el recuadro de la página 66: "La prueba del copito de algodón".

Alergias y prurito: las reacciones alérgicas son síntomas de la incapacidad del organismo para diferenciar de manera adecuada los agentes dañinos de los inocuos. Las causas para que se presente una alergia pueden ser múltiples: polución, estrés (agotamiento), alimentación inadecuada, uso indiscriminado de fármacos. El sistema inmunitario reacciona de un modo gradual a ciertos agentes exteriores como el polen de las plantas, polvo, pelo de gato o a ciertas sustancias alimenticias como las proteínas o la lactosa de la leche. Los síntomas más frecuentes incluyen: dificultades respiratorias, lagrimeo intenso, prurito y rinitis. El *Aloe*, por su gran concentración de acemanano, por la presencia de la enzima bradiquinasa y de algunas antraquinonas, evita reacciones demasiado fuertes del organismo y aumenta la tolerancia a los alérgenos. Posología aconsejada: 2 cucharadas de jugo puro de *Aloe* antes de las comidas principales durante un mes en el cambio de estación. Antes de comenzar con el tratamiento *ver **Alergia a las fresas.***

Alopecia: pérdida o falta total del cabello. La calvicie masculina es la forma más difundida de alopecia y por su naturaleza es hereditaria. Existe también una forma más bien rara de alopecia generalizada que conlleva a la perdida total de todo el cabello, los vellos, las cejas y pestañas.
Numerosas fuentes nos aseguran la utilidad del masaje de la piel con el jugo puro de *Aloe* (debe efectuarse mañana y noche) para detener la caída del pelo. El *Aloe*, con

un pH de 6, puede reducir ligeramente el contenido de grasa del cuero cabelludo, penetrando muy bien en los poros.

Amigdalitis: inflamación de las amígdalas debido a una infección, frecuente en los niños. Conlleva dolor de garganta y dificultad en la deglución de los alimentos, fiebre, cefalea, dolor de oídos e inflamación de las glándulas del cuello.

Se aconseja en este caso paños y grajeas con una solución compuesta de 4 cucharadas de jugo puro de *Aloe*, un poco de miel y agua tibia. El tratamiento es eficaz en el periodo inicial de la infección: en caso de fiebre alta y presencia de pus sobre las amígdalas, consultar al médico.

Anemia: situación caracterizada por una baja concentración de hemoglobina en la sangre. La forma más difundida es la causada por la carencia de hierro. Los síntomas comunes a las diferentes formas de anemia son consecuencia de la incapacidad de la sangre de trasportar oxígeno y consisten en palidez, pulso acelerado, mareo, zumbido en los oídos y debilidad. El *Aloe* (especialmente la variedad *ferox* en sinergia con la *vera* o la *arborescens Miller*) mejora de modo notable el proceso de formación hemática. **Se aconseja por lo tanto, además de una alimentación rica en frutas y verduras (especialmente espinacas), tomar con las comidas 2 cucharadas de jugo puro de *Aloe*. Es indispensable la supervisión del médico y el control constante de los valores, con análisis sanguíneos.**

Angina de pecho: dolor de tórax y de los brazos (especialmente el brazo izquierdo) provocado por la falta de oxígeno en el corazón en sujetos afectados por cardiopatías coronarias. El ataque de angina de pecho se manifiesta generalmente después de un esfuerzo físico grande o en situaciones de fuerte estrés. Debido a la presencia de ácido fólico, magnesio y vitamina E, el *Aloe* regula las contracciones ventriculares del corazón, favoreciendo así la oxigenación de las células y revirtiendo los dolorosísimos espasmos del ataque de angina. Posología aconsejada para prevenir el ataque: 2 cucharadas diarias antes del desayuno; en una fase aguda: 4 cucharadas hasta la culminación de la crisis. **La intervención del cardiólogo de confianza, tanto en la fase preventiva como ante la presencia de síntomas es, de todos modos, insustituible.**

Apetito: recurrir al jugo de *Aloe* se hace útil en casos de inapetencia. La presencia en el jugo de importantes enzimas digestivas favorece la actividad de la mucosa gástrica que, por medio de los neurotransmisores, activa las hormonas que regulan el apetito. Se aconseja tomar 2 cucharadas de jugo puro de *Aloe*, o disueltas en un vaso de agua o en jugo de fruta, antes de las tres comidas principales.

Arritmia cardiaca: especialmente en las personas ancianas y en pacientes con cardiopatías coronarias se pueden manifestar alteraciones esporádicas o crónicas del ritmo

cardiaco. Las arritmias se subdividen en dos categorías: taquiarritmias, en las cuales la frecuencia del latido es superior a los 100 latidos por minuto, y las bradiarritmias, en las cuales la frecuencia de las pulsaciones es inferior a los 60 latidos por minuto.

El jugo puro de *Aloe* (2 cucharadas dos veces al día) tomado especialmente durante el cambio de estación ayuda a regular las pulsaciones cardiacas gracias a la acción de los iones de magnesio y calcio.

Arrugas: surcos más o menos profundos presentes en la piel. Se manifiestan por la baja producción de colágeno y por la consiguiente falta de elasticidad de la piel. Se concentran especialmente en la cara y el cuello, pero pueden afectar todo el cuerpo. Fenómeno unido al envejecimiento, sin embargo puede manifestarse a una temprana edad por exposiciones muy prolongadas a la luz del sol o a los rayos UV.

El *Aloe*, por las numerosas sustancias nutritivas y por su capacidad astringente, previene y combate la formación de las arrugas. Se aconseja, entonces, una mezcla con dos cucharadas de jugo puro de *Aloe* y medio litro de agua tibia para lavar la cara y el cuello en la mañana y en la noche.

Arteriosclerosis: nombre con el cual se conoce un grupo de molestias debidas al engrosamiento y la perdida de elasticidad de las arterias. La principal alteración relacionada con la arteriosclerosis es la ateroesclerosis, lo que significa formación de placas (ateromas) en las paredes arteriales, que reduce o impide el flujo normal de sangre a los tejidos. En esta enfermedad la prevención es fundamental, se aconseja por lo tanto dejar de fumar, controlar la presión y el nivel de colesterol en la sangre, seguir una alimentación baja en grasas saturadas y desarrollar una actividad física regular.

El jugo de *Aloe* (especialmente por acción de los aminoácidos metionina y prolina) favorece la eliminación de las grasas presentes en la sangre, contrarrestando la obstrucción progresiva de las venas y arterias. Como estrategia preventiva, se sugiere tomar 2 cucharadas al día de jugo de *Aloe*, por algunos meses, especialmente durante el cambio de estación.

Artritis gotosa (o úrica): consiste en la acumulación de ácido úrico en las articulaciones, especialmente en las del metatarso. En la fase aguda, se consiguen buenos resultados masajeando las partes afectadas y álgidas con gel de *Aloe* varias veces al día y tomando 4 cucharadas de jugo puro tres veces al día. Como terapia de mantenimiento: 2 cucharadas tres veces al día por dos meses luego de que cesen los síntomas.

Artritis reumatoidea: proceso inflamatorio doloroso en las articulaciones, generado frecuentemente por la carencia de sales minerales (cobre). Gracias al fuerte poder antinflamatorio de los ácidos cinámico y crisofánico y del mucopolisacárido acemanano, el *Aloe* tiene el poder de mitigar el dolor y renovar la motilidad de la articulación inflamada. Posología sugerida: 4 cu-

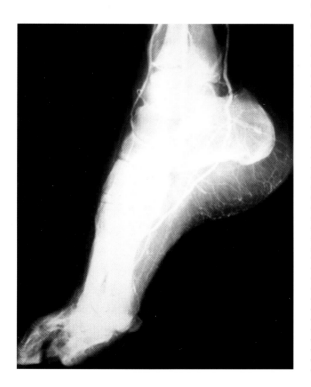

charadas de jugo de *Aloe* disuelto en agua o en jugo de fruta por la noche antes de acostarse y, de nuevo, al despertar. En caso de dolor agudo, se puede combinar con aplicaciones externas locales de crema o gel a base de *Aloe*.

Artrosis: patología articular causada por la degeneración de los tejidos cartilaginosos y por la formación de excrecencias óseas. Causa dolor, dificultad en los movimientos, inflamación y deformación progresiva de las articulaciones. Hasta ahora no se ha descubierto ninguna terapia definitiva contra la artrosis. El *Aloe*, potente antinflamatorio y analgésico, es un poderoso coadyuvante en el tratamiento de los síntomas de la artrosis; puede ser asociado a los tradicionales fármacos antinflamatorios no esteroides, a la fisioterapia y a la termoterapia.

Asma: molestia cada vez más extendida por el deterioro de las condiciones ambientales y asociado también a factores de estrés psicofísico. Se manifiesta con asfixia, silbidos en la respiración, tos seca, cianosis, sudor intenso, palidez. El *Aloe* puede resultar útil en la prevención de los ataques, tomando 2 cucharadas de jugo puro, tres veces al día o por medio de inhalaciones de jugo nebulizado. En este último caso, hervir un par de minutos una hoja de *Aloe* macerada, apagar y respirar los vapores.

Aterosclerosis: *ver* **Arteriosclerosis**

B

Boca (inflamación de la, o **estomatitis):** en el caso de la inflamación de la mucosa de la boca, encías inflamadas y sangrantes, úlceras, se aconseja efectuar masajes con el interior de las hojas del *Aloe* o, a falta de gel fresco, utilizar el jugo para hacer enjuagues. Los enjuagues se aconsejan aun en caso de intervenciones odontológicas. Después de la extracción de un diente, por ejemplo, el dolor y el edema disminuyen más rápidamente.

Bradicardia: *ver* **Arritmia cardiaca**

Bronquitis: inflamación de los bronquios acompañada de una tos persistente. Puede ser aguda o crónica y es una molestia frecuente en los fumadores y en los recién nacidos. Se aconsejan inhalaciones del jugo puro de *Aloe* vaporizado (*ver* también **Laringitis**).

C

Caída del cabello: *ver* **Alopecia**

Cáncer: la medicina occidental esta todavía evaluando la utilidad real de los principios activos del *Aloe* en la prevención y la cura del cáncer. Los experimentos realizados hasta ahora han incluido sólamente animales de laboratorio y nunca seres humanos. Los datos obtenidos en esta primera fase de investigación son de todos

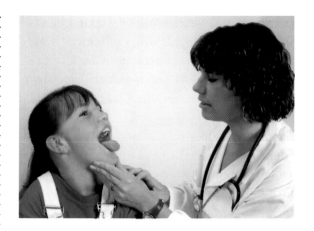

modos muy alentadores, ha resultado evidente e inequívoca la inhibición de masas cancerosas, presentes en animales sometidos a terapia con *Aloe*. Experimentos en este sentido se han realizados en todo el mundo: en Rusia, al comienzo del siglo XIX, los enfermos de cáncer eran curados con inyecciones subcutáneas de extracto de *Aloe*. En Japón, desde finales de la década de 1970, está en experimentación una vacuna anticancerígena (*Maruyama*), que usa el jugo de *Aloe*.

El *Aloe*, como se dice en referencia al sida, es rico en acemanano, un mucopolisacárido que actúa en el sistema inmunitario estimulando los macrófagos, glóbulos blancos que destruyen también las células tumorales; además, combate los efectos colaterales de la quimioterapia y radioterapia, como la caída del cabello y náuseas.

Candidiasis vaginal (muguet o **moniliasis):** fastidiosa infección vaginal (raramente afecta también la mucosa de la boca) provocada por el hongo *Candida albicans*.

La infección, que se transmite sexualmente, provoca una fuerte rasquiña y lesiones blanquecinas: gracias a la acción antimicótica y antifermentativa, el uso local de cremas a base de *Aloe* logra un alivio inmediato.

Cardiopatías coronarias: mal funcionamiento del corazón debido a la reducción o a la total obstrucción de las arterias coronarias. En la primera fase, la enfermedad de las coronarias es totalmente asintomática, entre las principales manifestaciones de la cardiopatía coronaria de la fase avanzada figuran la angina de pecho y el infarto agudo de miocardio. La cardiopatía coronaria es una patología de la edad adulta y de la vejez que afecta especialmente a los hombres: se puede prevenir con un estilo de vida sano y controlado.
La toma de *Aloe* puede ser incluida con seguridad en el programa de prevención de la enfermedad: 2 cucharadas al día de jugo puro de *Aloe* combate la formación de ateromas coronarios. *Ver* también **Angina de pecho** y **Arterioesclerosis**.

Carencia de ácidos gástricos: el jugo de *Aloe* puede equilibrar las funciones gástricas en los casos de mala digestión, eliminando la típica sensación de malestar que sigue a la comida (somnolencia, náuseas, presión en la cabeza) debido al desequilibrio entre los jugos gástricos y la cantidad de alimento ingerido.
Un remedio eficaz en este caso es tomar 2 cucharadas de jugo puro de *Aloe* al final de las comidas, como digestivo.

Caspa: proceso de escamación del cuero cabelludo en forma de antiestéticas escamas blancuzcas. Causa frecuente de la caspa es la dermatitis o eczema seborreico (*ver*).
Los tratamientos de champú a base de *Aloe* constituyen un óptimo remedio. En casos especialmente graves se aconseja también tomar 2 cucharadas de jugo puro de *Aloe* antes de las comidas principales.

Cataratas: opacidad del cristalino del ojo que se manifiesta especialmente en los mayores de 65 años y su causa es todavía desconocida. La catarata es indolora y conlleva solamente a la pérdida de la agudeza visual. El *Aloe* puede fortalecer las terminales nerviosas del nervio óptico y permitir al cristalino disminuir el proceso de envejecimiento y deterioro progresivo.
Teniendo un valor solamente preventivo, se sugiere el consumo habitual (2 cucharadas de jugo puro cada día) a todas las personas que sobrepasan los 40 años. Después de que el cristalino ha desarrollado la catarata, en cambio, no existen fármacos o remedios naturales para eliminarla: la

intervención quirúrgica es la única solución posible.

Catarro: secreción producida por la mucosa inflamada (por ejemplo catarro bronquial, nasal, etc.). Las propiedades antinflamatorias, bactericidas e inmunoestimulantes del acemanano y de la aloína evitan el desarrollo del catarro: efectuar gárgaras frecuentes con 2 cucharadas de jugo de *Aloe* diluidas en agua tibia.

Ciática: *ver* **Isquialgia**

Cicatrización de heridas: aplicando productos a base de *Aloe* el proceso de cicatrización resulta definitivamente acelerado. La aplicación de gel o jugo puro de *Aloe* sobre viejas cicatrices debe prolongarse por mucho tiempo (3 ó 4 meses por lo menos) para producir efectos importantes.

Cistitis: esta dolorosa inflamación de la vejiga se puede curar tomando *Aloe* por vía oral: diluir 4 cucharadas de jugo puro en un litro de agua o, mejor todavía, de tisana caliente. Se aconseja beber por lo menos 2 litros al día de la bebida preparada de esta manera.

Colesterol: es un lípido presente en la sangre con importantes funciones metabólicas. Es producido en parte por el hígado o, en menor cantidad, es absorbido directamente de alimentos como los huevos y derivados de la leche. Un nivel elevado de colesterol en la sangre aumenta el riesgo de desarrollo en la **aterosclerosis** (*ver*) y por lo tanto de **cardiopatías coronarias** (*ver*). Recordemos que el colesterol es de varios tipos y solamente el de "baja densidad" (LDL) están relacionados con el comienzo de las cardiopatías. El colesterol de "alta densidad" (HDL) parecería tener más bien un efecto protector y benéfico para el organismo.

Tomado a diario (2 cucharadas de jugo puro antes de las comidas), el *Aloe vera* reduce el nivel del colesterol "de baja densidad" (el malo) en la sangre porque es capaz de emulsificar; tiene un valor excepcional en la prevención de enfermedades vasculares y coronarias, y estimula, además, la limpieza y la purificación de la sangre en el hígado.

Colitis: inflamación del colon que conlleva a violentos ataques de diarrea y muy frecuentes dolores abdominales. Ataca más fácilmente las personas ansiosas y nerviosas o es desencadenada por la presencia de un virus o una bacteria. Por su acción antinflamatoria y desintoxicante, el *Aloe* calma, protege y limpia el intestino. Se aconseja 2 cucharadas de jugo puro de *Aloe* antes de las comidas principales y otra cucharada después de las mismas.

Colitis ulcerosa: *ver* **Respuesta inmunitaria**

Comedones: *ver* **Acné**

Complemento alimenticio: cualquier dieta moderna es pobre en sustancias nutritivas esenciales. El *Aloe* vera contiene más de 75 ingredientes, entre los cuales 18 de los 20 aminoácidos que necesita en el hombre; es un óptimo complemento alimenticio.

Conjuntivitis: inflamación de la membrana interior del ojo (conjuntiva) que provoca el enrojecimiento, edema, prurito, lagrimeo abundante y secreción de pus. Puede tener origen viral o alérgico. Se sugiere lavar y aplicar paños con una pequeña cantidad de jugo puro de *Aloe* diluido en agua tibia. El alivio es casi inmediato. *Ver* también **queratitis** y **queratoconjuntivitis.**

Crohn (enfermedad de,): *ver* **Respuesta inmunitaria**

Cuero cabelludo: en casos de cutis seco y rasquiña, el champú a base de *Aloe* y aceite de jojoba es el tratamiento más indicado.

Cuidado del cabello: para fortificar y darle brillo al cabello basta utilizar jugo puro de *Aloe* en lugar del bálsamo después de lavar la cabeza. Se aconseja dejar actuar el jugo en contacto con el cuero cabelludo por unos 10 minutos antes de proceder al enjuague.

Cuidado de la piel: el *Aloe* es usado ampliamente en la preparación de productos cosméticos para el cuidado de varios cuadros dermatológicos. Las mascarillas, las cremas, los tratamientos específicos a base del *Aloe* son eficaces bioestimulantes epi-

dérmicos y facilitan la eliminación de las impurezas aun en los estratos más profundos de la piel. La piel consigue mayor elasticidad, tono y luminosidad.

D

Dermatitis: *ver* **Eczema**

Dermatomicosis (o tiña): infección causada por hongos parásitos que afectan especialmente la piel (*tiña corporis*) el cuero cabelludo (*tiña capitis*), las uñas (*onicomicosis*) y los pies (*tiña pedis* o *pie de atleta*), se manifiesta con más frecuencia en los meses de verano. Se caracteriza por la aparición de manchas pruriginosas. El *Aloe*

gracias a sus propiedades antinflamatorias y analgésicas (acemanano y ácido salicílico) genera un alivio inmediato. Mientras el efecto antimicótico y antibacterial de los ácidos cinámico y crisofánico favorece la total superación de los síntomas. Se aconseja masajear varias veces al día la parte afectada con jugo puro de *Aloe* hasta la curación completa.

Diabetes: el *Aloe vera* (dos cucharadas de jugo puro antes de las comidas principales por varios meses) tiene la capacidad de controlar la presencia de los azúcares en la sangre y de restablecer el nivel exacto de su concentración tanto en el caso de la hipoglicemia como en de la hiperglicemia. La terapia debe hacerse bajo estricto control médico y no sustituye de la terapia insulinica o dietética.

Diarrea: emisión frecuente de heces semiliquidas. Puede ser provocada por intoxicación alimenticia, infecciones intestinales, ansiedad, momentos de frío; en estos casos se habla de "diarrea aguda". La "diarrea crónica" esta asociada, en cambio, a patologías intestinales graves como la enfermedad de Crohn y la colitis ulcerativa. Aun siendo un laxante poderoso, el jugo del *Aloe* presenta también una acción astringente y estabilizadora sobre el aparato gastrointestinal en conjunto. Eliminando la causa de la disentería, bloquea el flujo. Dos cucharadas del jugo puro tres veces al día, generalmente, son suficientes para resolver el problema.

Dientes: el *Aloe* vera desarrolla una acción bactericida sobre la placa y por lo tanto es muy eficiente para la higiene oral. Se sugieren enjuagues con pequeñas dosis de jugo puro o diluido en un poco de agua.

Dientes (dolor de): la aplicación local del gel o el jugo puro del *Aloe* directamente sobre el diente con caries y sobre la encía produce alivio inmediato. Repetir la aplicación cada dos horas hasta el cese del dolor. Luego acudir al odontólogo para la solución radical del problema.

Dismenorrea: ver **Molestias menstruales**

Diverticulitis: *ver* **Colitis**

E

Eczema (o **dermatitis**): inflamación de la piel, generalmente acompañada por una sensación de rasquiña, escamación y presencia de ampollas. Puede tener origen alérgico o estar asociada a disfunciones metabólicas. El *Aloe* es un óptimo remedio usado internamente (2 cucharadas de jugo puro al día tomadas al desayuno hasta la desaparición de los síntomas) o externamente (masajes con gel de *Aloe* diluido en agua tibia).

Eczema seborreico (o **dermatitis seborreica**): erupción rojiza, pruriginosa y escamosa que afecta de manera específica la cara, el cuero cabelludo, el tórax y la espalda. La molestia que se manifiesta con especial fuerza en los momentos de estrés, podría ser causada por la acción de un sacaromiceto. El *Aloe*, gracias a sus propiedades bactericidas y antimicóticas, produce notables beneficios: preparar una solución de agua tibia y jugo puro de *Aloe* para enjuagar las partes afectadas.

Edema: tumefacción, retención de líquido seroso en los tejidos. Puede ser localizado si se presenta por un trauma o generalizado y relacionado a otras molestias como problemas cardiacos y cirrosis hepática. En el caso de un edema localizado, se sugiere efectuar baños con jugo puro de *Aloe*.

Encías: el *Aloe vera*, siendo antiséptico y antinflamatorio, es benéfico en el tratamiento de las encías, periodontitis, estomatitis y gingivitis.

Enteritis: inflamación del intestino delgado que puede ser producida por una infección o por la enfermedad de Crohn. Esta enfermedad generalmente desencadena violentos ataques diarreicos. El *Aloe vera* con sus propiedades antibióticas, antifermentativas y desintoxicantes, normaliza la actividad intestinal.

Erisipela: infección de la cara causada por bacterias. Frecuentemente en los niños y en los ancianos se manifiesta con la aparición de manchas rojas y llagas y está acompañada por cambios de la temperatura corporal, naúseas y cefalea. Se aconsejan compresas diarias con jugo puro de *Aloe* sobre las partes afectadas.

Eritema nodoso: molestia causada por la aparición de nudos rojos y azulados, muy molestos, en las piernas y en los brazos. Ataca con más frecuencia a las mujeres sometidas a situaciones de estrés. Para aliviar el prurito, se aconseja aplicar compresas diarias con jugo puro de *Aloe*.

Escaras por decúbito: lesiones de la piel en pacientes obligados a permanecer acostados por mucho tiempo. Se presentan como partes eritematosas que, a causa de la compresión del cuerpo contra el colchón, terminan lastimándose, produciéndose una escara expuesta a las infecciones y al riesgo de una septicemia. Las partes más afectadas

La curación de la migraña según los antiguos recetarios de la tradición

"El que sufre de esto deberá tomar tres pastillas de *Aloe*, disueltas en jugo de coles y en la cantidad de una cuarta parte de un vaso, por la noche antes de acostarse o por la mañana en ayunas".

Tomado de *Fitoterapia y medicina*
(entre el pasado y el presente),
de Salvatore Pezzella
Orior, Perugia, 1997, p. 123.

son los hombros, los codos, la parte lumbar, las rodillas y las nalgas. La prevención, en este caso, es muy importante: se sugiere cambiar con frecuencia la posición del enfermo y colocarle almohadas debajo de las rodillas y los hombros para aliviar al máximo la compresión. Se sugiere el lavado diario con jugo puro de *Aloe* (más o menos 4 cucharadas) diluido en agua tibia.

Esclerodermia: enfermedad rara, autoinmune, que puede afectar varios tejidos y órganos (por ejemplo piel, riñones, corazón, pulmones, articulaciones, etc.). El síntoma que la identifica es el "fenómeno de Raynaud", que es la reacción dolorosa de las manos y los pies, los cuales expuestos a temperaturas bajas, se vuelven poco a poco color blanco, rojo y, finalmente, azul. La piel, además, aparece brillante y pierde flexibilidad hasta impedir o dificulta los movimientos. La causa y tratamiento de esta patología son todavía desconocidos. El *Aloe* puede intervenir eficazmente en la disminución de los síntomas: tomar tres cucharadas al día de jugo puro de *Aloe*, preferentemente con las comidas principales.

Esclerosis múltiple: enfermedad degenerativa autoinmune del sistema nervioso central. Su causa es desconocida y su aparición es frecuente en adultos jóvenes. Los particulares síntomas son un entorpecimiento progresivo y parálisis de varias partes del cuerpo, debido a la destrucción de la mielina en las fibras nerviosas, dificultad para hablar, visión doble, etc. Por ahora no está disponible un tratamiento definitivo para esta enfermedad. El jugo de *Aloe* (2 cucharadas dos veces al día) sirve para estimular el metabolismo muscular bloqueado.

Esofagitis: inflamación del esófago causada por la regurgitación del contenido gástrico (esofagitis por reflujo). El síntoma principal de la esofagitis es la pirosis, con una sensación de ardor difundido en el tórax. El estilo de vida del paciente influye bastante sobre el desarrollo de este malestar, por lo cual debe abstenerse de fumar, evitar las bebidas alcohólicas y eliminar los alimentos pesados o muy elaborados, para aliviar los síntomas. El jugo de *Aloe* en esta patología es una verdadera panacea: ante los primeros síntomas tomar 4 cucharadas de jugo puro tres veces al día por tres días.

Luego reducir a la mitad de la dosis y continuar el tratamiento.

Estomatitis: ver **Boca** (inflamación en la boca)

Estreñimiento: evacuación difícil, poco frecuente e insuficiente de las heces. La presencia de la molestia se puede atribuir a una alimentación incorrecta y escasa en fibras, a una forma de vida sedentaria y al estrés. Acudir a laxantes debe controlarse al máximo porque genera hábito.

El jugo de *Aloe* ha sido aconsejado desde la antigüedad para la curación de esta molestia, pues facilita la correcta digestión del alimento y estimula las contracciones de los músculos del intestino. Posología sugerida: una cucharada de jugo puro de *Aloe* antes de las comidas. En los casos especialmente agudos, otras 2 cucharadas antes de acostarse. Se aconseja, además, seguir una dieta rica en frutas y verduras e ingerir mucha agua, especialmente lejos de las comidas.

Estrías (o **estrías atróficas**): marcas en la piel que se presentan al principio como delgadas líneas rojas en arco, para luego volverse cicatrices marcadamente profundas. Se produce por la pérdida de tensión de las fibras elásticas de la piel y se presentan en mujeres en edad puberal o embarazadas. Las partes más afectadas son las caderas, muslos, vientre bajo, glúteos y senos. Como el aceite del germen de trigo y

el aceite de jojoba, el gel de *Aloe* ayuda de manera extraordinaria a prevenir las estrías. Durante el embarazo y después del parto se aconsejan masajes con gel de *Aloe* que se deben concluir, algunos minutos después de la absorción del gel, con la aplicación de un aceite. También se puede atenuar estrías ya formadas: con la aplicación del gel y de un aceite, alternados. El gel devuelve a la piel su elasticidad natural.

F

Fisuras: pequeñas lesiones de la piel o de la mucosa, de desarrollo lineal (fisuras), que cicatrizan con mucha dificultad y

La prueba del copito de algodón

Antes de empezar a tomar cualquier producto a base de *Aloe vera* conviene hacer un test sencillo para confirmar el nivel de tolerancia individual a la sustancia: después de empapar un copito de algodón con una pequeña dosis del producto, friccionar una zona sensible de la piel, por ejemplo el pulso o el interior de codo. Transcurridos 10 minutos, si no se presentan erupciones cutáneas ni pruritos, se puede comenzar una toma normal del producto, en caso contrario conviene suspender inmediatamente el tratamiento. Los casos de intolerancia al *Aloe* son, por fortuna, sumamente escasos, más bien una de las principales propiedades del *Aloe* es la acción antialérgica: el **azúcar complejo acemanano** en sinergismo con otros principios activos fortalece las defensas del organismo, además de ejercer una poderosa acción antibiótica y antinflamatoria.

lentamente. Las fisuras afectan particularmente la zona anal, los pezones, los labios y los dedos.

En todos estos casos, es indicada de manera especial la aplicación del gel de *Aloe*: aporta las sustancias nutrientes necesarias para la curación de la herida, aliviando al mismo tiempo el dolor y la quemazón provocadas por las fisuras en la piel o mucosas, a veces muy profundas.

Flatulencia: *ver* **Meteorismo**

Forúnculo: inflamación del folículo piloso que produce una formación de pus localizada generalmente en la cara o en el cuello. La aplicación local de gel de *Aloe* impide la difusión de la inflamación. En casos particularmente graves (forunculosis), se sugiere tomar una cucharada de jugo de *Aloe* por la mañana antes del desayuno.

G

Gastritis: inflamación de la mucosa que cubre el estómago. Produce una sensación de pesadez y acidez del estómago, especialmente percibida al final de las comidas. Produce también náuseas, cefalea y boca amarga. Las causas posibles son una alimentación inadecuada, abuso de fármacos o de alcohol, tabaquismo, ansiedad o infección bacteriana.
Posología aconsejada: en la fase aguda, tomar una cucharada de jugo puro de *Aloe* con las comidas principales. *Ver* también **acidez de estómago.**

Gota (poliartritis urémica): son benéficas las propiedades antinflamatorias del *Aloe.*

H

Halitosis: las causas de esta fastidiosa y vergonzosa molestia puede ser diferentes.

Principalmente puede ser producida por caries, piorrea, malos hábitos alimenticios o a la gastritis.

En el primer caso (molestias en la cavidad oral) se sugieren enjuagues diarios con una solución de 4 cucharadas de jugo puro de *Aloe* en 1/4 de litro de agua o simples aplicaciones de jugo puro sobre los dientes y las encías dos veces al día.

Para el tratamiento del segundo caso (molestias digestivas) *ver* **Acidez de estómago, Carencia de ácidos gástricos** y **Gastritis.**

Hematoma: concentración de sangre que se forma por la ruptura de un vaso sanguíneo; de acuerdo a la extensión y la localización del hematoma, la sangre oprime los tejidos cercanos causando dolor. Se aconseja compresas calientes con jugo puro de *Aloe* hasta la desaparición de las antiestéticas manchas azul-verdosas.

Hemorragia: perdida de sangre evidente (externa) u oculta (interna) causadas por una lesión traumática de los vasos sanguíneos (cortadas, heridas…) o por enfermedades hemorrágicas. El *Aloe* posee óptimas propiedades hemostáticas. La eficiente acción hemostática se consigue taponando la parte interesada (en caso de hemorragia externa) con gel de *Aloe* hasta el cese completo de la pérdida sanguínea. En los días siguientes, seguir aplicando el gel en la parte afectada para favorecer el proceso de cicatrización. En caso de hemorragias internas ligadas especialmente a molestias gastrointestinales, se aconseja tomar jugo puro de *Aloe* en cantidad proporcional a la gravedad de los síntomas.

Hemorroides: inflamación de los vasos sanguíneos de la región anal y del recto que causa prurito y pérdida de sangre además de hacer muy dolorosa la defecación. Se forman especialmente a causa de una alimentación excesiva y desordenada, por el estreñimiento y por llevar una vida sedentaria. El *Aloe* puede ser utilizado (gel o crema) para aplicaciones locales o tomado oralmente como prevención (una cucharada de jugo puro de *Aloe* al desayuno), para regular la actividad intestinal y evitar la presencia de las hemorroides en sujetos predispuestos a esta molestia.

Hepatitis A y B: inflamación aguda o crónica de las células del hígado. Su origen puede ser viral, por una intoxicación farmacológica o por consumo de alcohol. Estudios recientes han demostrado que, gracias al lípido colina, el *Aloe* puede curar algunos casos de hepatitis A y B. Se aconseja consumir jugo puro de *Aloe* en la dosis de 2 cucharadas tres veces al día, subrayando la **necesidad de someterse de todos modos a cuidadosos controles médicos para fijar la terapia más oportuna en cada caso.**

Heridas: para las heridas de corte, heridas quirúrgicas, ulceraciones, laceraciones y contusiones, el *Aloe* es, sin duda, un remedio rápido y eficaz, capaz de bloquear los procesos inflamatorios en desarrollo y favorecer la cicatrización. En el comercio se encuentran fácilmente adecuadas preparaciones a base de *Aloe* útiles en tratamientos de primeros auxilios. En el caso de cortadas muy profundas, se sugiere compresas con gel, durante bastante tiempo, para permitir a los principios activos del *Aloe* penetrar en los niveles más profundos de la piel. Además, la acción bactericida del *Aloe* evita las complicaciones de una posible infección.

Herpes simple: enfermedad viral muy común y extendida. Se manifiesta en forma de ampollas en la boca y en los órganos genitales, acompañada de un ligero malestar de tipo gripal.

A veces su presencia es asintomática y solamente antiestética. Después del primer ataque, en muchas personas el herpes tiende a reaparecer, a menudo en periodos de estrés. Se aconseja aplicar jugo puro de *Aloe* sobre las ampollas.

Herpes tonsurante: molestia masculina caracterizada por ampollas difundidas sobre la cara y el cuello que hacen difícil afeitarse; masajear con jugo puro de *Aloe* y realizar baños prolongados en los casos más graves.

Herpes zoster: es una grave infección de los nervios que desencadena una erupción cutánea muy dolorosa, con ampollas cubierta por una costra.

Causada por el mismo virus responsable de la varicela, aparece a menudo después de un periodo de fuerte estrés. Aun después de la curación de la erupción cutánea, el dolor puede continuar por meses o años.

Se aconseja masajear delicadamente la parte afectada con jugo puro de *Aloe* varias veces al día hasta la desaparición de los síntomas.

Hígado (disfunciones del): el *Aloe* ayuda a corregir las disfunciones hepáticas. *Ver* **Hepatitis A y B** e **Insuficiencia hepática.**

Hipertensión: presión arterial alta. Tomar regularmente *Aloe* (2 cucharadas de jugo puro tres veces al día, lejos de las comidas) normalizan la presión en pocas semanas.

La hipertensión es, de todos modos, una molestia seria y debe someterse al control del médico.

Hipotensión: presión arterial baja. Siendo particularmente rico en vitaminas, el *Aloe* da vigor y tono al hipotenso: 2 cucharadas de jugo puro antes del almuerzo y la cena por un par de semanas.

I

Impotencia: imposibilidad de alcanzar o mantener la erección. Puede depender de alguna molestia física o por un malestar de origen psicológico. El *Aloe* aplicado en inyecciones subcutáneas ha producido efectos positivos en sujeto afectados por esta molestia. Los investigadores todavía están estudiando las posibilidades de aplicación de la planta.

Inapetencia: *ver* **Apetito**

Insomnio: disturbio muy común que consiste en no lograr dormir o no poder dormir mucho tiempo. Las causas pueden ser físicas (preocupación, ansiedad, estrés, depresión, etc.).
Posología aconsejada: una cucharada de jugo puro de *Aloe* antes de acostarse.

Insuficiencia hepática: complicación de la hepatitis aguda que tiene repercusiones negativas también sobre la actividad nerviosa central (agitación, confusión, mental, etc.).

La toma del *Aloe* mejora notablemente la elasticidad y la funcionalidad de las células hepáticas. Las dosis se deben calcular con base en cada caso y asociar a una dieta cuidadosa, dirigida también a mejorar el funcionamiento del hígado.

Isquialgia (Ciática): patología del nervio ciático que provoca dolor agudo en la cadera y en la pierna, haciendo casi imposible caminar. Si no está asociada a la hernia discal, el *Aloe*, muy rico en vitaminas y sales minerales, puede ser útil para superar el desequilibrio metabólico que ha desencadenado la crisis. Posología sugerida: 2 cucharadas de jugo puro de *Aloe* tres veces al día hasta el final de los síntomas.

L

Laringitis: inflamación de la laringe de origen viral o alérgico. Puede ser aguda o crónica y la señal más fuerte es la ronquera con la consecuente afonía o alteración de la voz. A menudo está acompañada de ardor, fiebre, tos y malestar general.
Las inhalaciones del jugo puro de *Aloe* vaporizado son la panacea para esta molestia y para todas las demás enfermedades del aparato respiratorio (bronquitis, rinitis, etc.).

Lupus eritematoso: enfermedad crónica autoinmune que causa la inflamación del tejido conectivo. Su origen es, probablemente, hereditario y se presenta con mayor frecuencia en las mujeres. La forma más común y difundida del lupus eritematoso es la discoidal que se caracteriza por la aparición en la cara de manchas circulares rojas y gruesas que tienden a la cicatrización. Se aconseja friccionar la parte afectada con jugo de *Aloe* tres o más veces al día.

M

Mastitis: inflamación del seno producida por una infección bacteriana. Se manifiesta especialmente durante la lactancia, pero puede ser causada también por el virus de la parotiditis. Los síntomas físicos son enrojecimiento, hinchazón, dolor y formación de quistes.

Masajear la parte adolorida con gel de *Aloe* varias veces al día. Las propiedades analgésicas y antinflamatorias del *Aloe* alcanzan los nódulos linfáticos y estimulan la curación en poco tiempo.

Menopausia: la descompensación hormonal causada por el cese del ciclo menstrual puede causar un malestar fastidioso: oleadas de calor, escasas secreciones sebáceas, debilidad del pelo, osteoporosis, etc.

La antigua tradición ayurvédica sugiere para esta situación tomar 2 cucharadas de jugo de *Aloe* dos veces al día.

Meteorismo (o flatulencia): emisión de gases producidos por el intestino, estimulada por la fermentación del alimento ingerido o por la aerofagia (excesiva deglución de aire que se acumula en el estómago). A menudo se acompaña de dolores abdominales.

El *Aloe vera* tiene propiedades antifermentativas y digestivas y ya Plinio el Viejo aconsejaba el *Aloe* como remedio a este molesto problema: 2 cucharadas de jugo fresco después de las comidas principales.

Migraña: forma grave de cefalea, que puede durar mucho tiempo (algunos días) y asociarse con náuseas, disminución de la agudeza visual e hipersensibilidad a la luz. Más frecuente en las mujeres, no se asocia a unos factores desencadenantes, sin embargo es con frecuencia hereditario. Frotar la parte interesada de la cabeza con gel de *Aloe* y tomar una solución de 200 ml de agua y 4 cucharadas de jugo puro de *Aloe*.

Molestias menstruales: el *Aloe* es una ayuda eficaz para las mujeres que sufren dolores menstruales (dismenorrea). También la medicina ayurvédica señala el *Aloe* como antídoto para las molestias del ciclo; he aquí un remedio antiguo: una cucharada al día de gel diluido en jugo de manzana, granada o hibisco. En caso de retraso, el consumo de 2 ó 3 cucharadas de jugo puro de *Aloe* puede estimular la regular renovación del ciclo.

Muguet: *ver* **Candidiasis vaginal**

Las enfermedades alérgicas

Entre las enfermedades alérgicas clásicas tenemos:

- El resfriado del heno, desencadenado la mayoría de las veces por polen de gramináceos (cebadas, *Dactylus glomeratus*) o por polen del abeto y sauce.
- El asma, que con frecuencia es hereditaria.
- El eczema, atópico y pruriginoso (desencadenado por diversos factores).
- El edema (retención de líquidos) en labios, ojos, piernas, que se presenta, por ejemplo, cuando se come una fresa.
- La urticaria.

Entre las enfermedades alérgicas no específicas tenemos:

- Dolor de cabeza y dolores en las articulaciones.
- Problemas de estómago e intestino.
- Vértigo.
- Otitis crónica.

O

Onicomicosis: engrosamiento de la uña. Aplicar el gel de *Aloe* sobre la parte afectada varias veces al día. Antes de acostarse aplicar unos paños del gel de *Aloe* y luego vendar la parte interesada.

Orzuelo: pequeña bola de pus provocada por una infección. Afecta los párpados; generalmente está ubicada en el ángulo interno del ojo o en la base de los párpados. Frecuentes baños con una mezcla de jugo puro de *Aloe* y manzanilla alivian el dolor y disminuyen la inflamación.

Osteoatrosis: *ver* **Artrosis**

P

Picaduras de insectos: las picaduras de abeja, mosquito, avispa y otros insectos, o las mordidas de las hormigas, deben ser tratadas inmediatamente. En estos casos el gel de *Aloe* calma el prurito, alivia el eventual dolor y desinfecta. En muchos casos la aplicación inmediata del gel previene la hinchazón y las infecciones. Los turistas, que corren el riesgo de pisar una medusa, un erizo de mar, de herirse con un coral o ser picados por un pez venenoso deberían llevar siempre el gel de *Aloe*. Como enseñan los indios americanos, el *Aloe* tiene también un efecto preventivo extraordinariamente eficaz; evita las picaduras de los mosquitos y de otros insectos: especialmente en el verano y en lugares de clima húmedo se aconseja cubrir la piel con jugo puro de *Aloe*.

Piel: el *Aloe vera*, además de ser hidratante, antiséptico, antibiótico y bactericida, aumenta entre 6 y 8 veces la producción de fibroblastos (las células responsables de la producción de colágeno): todas estas propiedades favorecen la regeneración celular y por eso el *Aloe* se aplica en el tratamiento de diversos problemas como: acné, cáncer de piel, celulitis, dermatitis, induraciones en pies, manos y codos, eczema, hemorroides, herpes, soriasis, arrugas, laceraciones, piel escamosa, verrugas.

Pirosis gástrica: *ver* **Acidez de estómago**

Poliartritis urémica: *ver* **Gota**

Prurito: irritación molesta de la piel, generalizada (extendida en todo el cuerpo) o localizada (especialmente en la espalda, en la zona anal o genital). La molestia puede ser atribuida a múltiples causas (enfermedades dermatológicas, abuso de medicinas, uso de jabones o detergentes particularmente fuertes, etc.). Al margen de la causa específica, los síntomas pueden ser aliviados con cremas emolientes y refrescantes a base de *Aloe*.

Pústulas: *ver* **Acné, Orzuelo**

Q

Quemaduras en general: según la gravedad y la profundidad de las lesiones cutáneas, las quemaduras se subdividen en tres categorías. En las quemaduras de primer grado, la epidermis presenta un eritema que sana rápidamente (por ejemplo quemadura solar); en las quemaduras de segundo grado la piel se cubre de vejigas y burbujas; finalmente, en las de tercer gra-

do la piel queda totalmente dañada hasta el punto de hacer necesario el transplante para prevenir la formación de cicatrices. En las quemaduras de primer y segundo grado el *Aloe* es muy útil, pues gracias a su acción antibiótica y antibacterial previene las infecciones, mientras la isobarbaloina y los ácidos cinámico y salicílico desarrollan una eficaz acción analgésica. Finalmente, el acemanano favorece la regeneración de los tejidos dañados con la quemadura. Después de limpiar y enfriar la zona afectada se aconseja rociar esta zona con una mezcla de jugo puro de *Aloe* y miel.

Queratitis y queratoconjuntivitis: los síntomas de esta inflamación de la cornea, a veces de origen viral (queratoconjuntivitis epidémica), son: dolor ocular, lagrimeo abundante, hipersensibilidad a la luz y dificultad visual. Se sugiere el tratamiento local con bolsas de agua caliente y jugo puro de *Aloe*, y la toma oral de 4 cucharadas

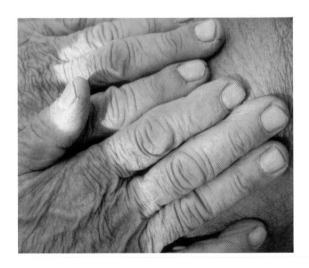

de jugo, diluidas en una bebida a base de fruta o, mejor todavía, en un batido de zanahoria.

R

Radiación solar: una inflamación de la piel causada por una excesiva exposición a rayos solares. Los rayos ultravioleta de la luz, destruyen las células de la capa exterior de la piel y dañan los capilares subyacentes. Esta molestia afecta más fácilmente a personas de piel clara, cuya piel enrojece y se cubre de vesículas. Si la quemadura es grave, después de unos días se cae la piel afectada. Vale la pena recordar que una exposición gradual y controlada es útil al organismo y favorece el proceso de calcificación de los huesos previniendo la osteoporosis, mientras la exposición excesiva y prolongada puede provocar el envejecimiento cutáneo, la aparición de queratosis y, en algunos casos, puede causar el cáncer de piel (melanoma).

Naturalmente, el consejo es concentrarse en la prevención del fenómeno (uso de cremas bronceadoras con adecuados filtros solares). Para aliviar las quemaduras que se presenten, se aconseja aplicar delicadamente jugo puro de *Aloe* sobre la parte afectada evitando exponerse de nuevo al sol.

Regeneración celular: las enzimas del *Aloe vera* estimulan reacciones químicas capaces de acelerar los procesos de curación y reconstrucción de los tejidos.

Resfriado: *ver* **Rinitis**

Respuesta inmunitaria: el *Aloe vera* puede ser definido como un "modulador" o "activador" del sistema inmunitario que ejerce una acción de compensación, sea cuando la respuesta inmunitaria resulte insuficiente o cuando es exuberante (como en las enfermedades autoinmunes: colitis ulcerosa, enfermedad de Crohn, lupus eritematoso, artritis reumatoidea, asma alérgica, etc.).

El *Aloe* y las quemaduras

Para aliviar el dolor causado por heridas, quemaduras y enrojecimiento, y para alejar el riesgo de infecciones, recolectar una hoja de la parte baja de la planta (más vieja y por lo tanto más rica en sustancias nutritivas y principios activos) y sacar una parte para aplicar en la parte infectada. Limpiar la herida con agua, luego cortar en tajadas la hoja de *Aloe* a lo ancho y aplicar el gel sobre la herida, dejándolo secar.

Rinitis (llamada generalmente **resfriado**): inflamación de la mucosa de la nariz, caracterizada por una secreción y congestión nasal, estornudos y acompañada a veces de sinusitis; las principales causas de su manifestación son la viral (resfriado común) y la alérgica (fiebre del heno).

Cualquiera que sea su origen, el hecho de secarse la nariz muchas veces causa irritación y molestias: se sugiere entonces masajear con frecuencia la parte afectada con jugo puro de *Aloe* para aliviar la quemazón. *Ver* también **Laringitis**.

S

Sabañón: hinchazón, eritema y prurito en los dedos de los pies o de las manos, causado por un frío intenso. Masajear con frecuencia la parte afectada con jugo puro de *Aloe* para estimular la circulación sanguínea.

Salmonelosis: grupo de enfermedades (infecciones gastrointestinales, fiebres tifoideas, etc.) causadas por infecciones tóxicas alimentaria. Las principales responsables de la infección tóxica alimentaria son las bacterias del genero *Salmonella* que se propagan en el intestino, desencadenando una inflamación. El *Aloe* tiene un efecto bactericida bien documentado que controla esta forma de molestia. La terapia debe fijarse en acuerdo con un médico. Se aconseja, además, ajustarse escrupulosamente a las más elementales normas higiénicas en la preparación de las comidas (limpieza en las manos, correcta descongelación y cocimiento de los alimentos, especialmente de los pollos) para prevenir salmonelosis.

Seborrea: secreción excesiva de sebo en la cara y el cuero cabelludo. La causa de la molestia no ha sido esclarecida pero parece estar relacionada con un desequilibrio hormonal (la seborrea ataca especialmente a los adolescentes). El *Aloe* es un remedio eficaz por su acción bactericida, fungicida y enzimática. Se aconseja efectuar la limpieza personal diaria con productos a base de *Aloe*.

Sida (Síndrome de inmunodeficiencia adquirida): insuficiencia del sistema inmunitario debida a la infección de VIH. La infección se transmite a través del esperma y la sangre y, por ahora, hasta que no se descubra una terapia o una vacuna, la prevención representa el único instrumento eficaz contra la enfermedad. Las reglas principales de prevención consisten esencialmente en el uso de preservativo durante las relaciones sexuales (especialmente si son ocasionales) y evitar el intercambio de jeringas entre farmacodependientes.

Según recientes investigaciones científicas, una manera para estimular el aumento de las defensas afectadas, se deriva de uno de los principios activos presentes en el jugo del *Aloe*, el acemanano, un azúcar complejo, encontrado por primera vez en Estados Unidos a principios de la década de 1980 y relacionado luego con el VIH en Bruselas en 1988. El *Aloe* estimula el sistema inmunitario, favoreciendo el equilibrio de los linfocitos T y B; disminuye los efectos colaterales provocados por los fármacos en el aparato digestivo (por ejemplo, calambres y estreñimiento) o en el aparato urinario (por ejemplo, ardor durante la micción). El acemanano potencia la acción depurativa de la sangre haciendo al organismo capaz de contrarrestar eficazmente las enfermedades y encontrar el camino de la salud. A pesar de los resultados positivos de muchos experimentos, algunos investigadores están escépticos con respecto al uso terapéutico del acemanano; otros combinan terapias médicas tradicionales, con una alimentación controlada, el consumo de nutrientes del *Aloe* y, finalmente, una reflexión psicosomática de la patología. El acercamiento integrado y sinérgico, en el tratamiento del sida como en otras enfermedades, se ha mostrado mucho más eficaz comparado con un acercamiento y

unilateral (medicina tradicional, fitoterapia o psicosomática) a la enfermedad.

Soriasis: enfermedad de la piel que se caracteriza por la presencia de espesas manchas rojas localizadas, cubiertas de escamas de piel seca, especialmente en el tronco, los codos, las rodillas y la cabeza. Con frecuencia la patología es del todo indolora, pero siendo absolutamente antiestética, puede provocar incomodidad en las relaciones interpersonales. La causa de la enfermedad es todavía desconocida pero tiende a ser hereditaria y a volverse crónica.

El *Aloe* es útil tanto en la aplicación externa como en la toma por vía oral. El gel de *Aloe* debe aplicarse regularmente, mañana y tarde, sobre las partes afectadas por el mal. En los casos más graves se puede asociar el tratamiento local con la toma de 2 cucharadas de jugo de *Aloe*, dos veces al día, lejos de las comidas.

T

Taquicardia: *ver* **Arritmia cardiaca**

U

Úlceras: son llagas más o menos profundas de la piel o de la mucosa. El *Aloe* desinfecta, cicatriza y regenera los tejidos.

Úlcera duodenal: el dolor de la úlcera duodenal ("úlcera del ayuno") a menudo disminuye con la ingestión de comidas, para volver a aparecer algunas horas más tarde. Se aconseja tomar por un par de semanas una cucharada de jugo puro de *Aloe*, después de las comidas principales, preferentemente diluido en leche.

Uñero: infección o absceso en la punta de los dedos de la mano o, más raro, de un pie. Muy doloroso, su origen es viral (herpes simple) o bacteriano.
La acción bactericida del ácido cinamico y crisofánico presentes en el *Aloe,* en sinergia con las propiedades analgésicas del ácido salicílico, logran un alivio inmediato. Sumergir el dedo en agua tibia y jugo puro de *Aloe* varias veces al día.

Urticaria: molestia dermatológica que se manifiesta con la aparición de pequeñas pápulas (manchas rosadas irregulares en relieve) con prurito, difundidas por todo el cuerpo. Desencadenada a menudo por una reacción alérgica al contacto con alguna sustancia causante de urticaria (ortiga, moluscos, etc.) o por la toma de fármacos o algunos alimentos (fresas, moluscos, etc.). Para aliviar los síntomas se sugiere masajear la parte afectada con gel o crema a base de *Aloe* y tomar una cucharada de jugo puro durante las comidas principales.

V

Varicela: enfermedad infantil causada por el virus de varicela zoster. Se manifiesta con una erupción cutánea extendida (tronco, cara, brazos, piernas) formada por manchitas rojas, que causan mucho prurito, que luego se transforman en ampollas. Después de algunos días, las ampollas se secan formando una costra. El *Aloe vera* calma el prurito, desinfecta y cicatriza, evitando la formación de queloides.

Venas varicosas: aumento del espesor de las venas y dilatación de los vasos sanguíneos que puede afectar cualquier parte del cuerpo pero que se manifiesta con mayor frecuencia en las piernas. Las venas aparecen de color azul oscuro, sobresalientes, hinchadas y de recorrido tortuoso. En algunas personas son asintomáticas y solamente antiestéticas, en otras producen dolor intenso, hinchazón en los tobillos y prurito de la piel alrededor de la vena. Aplicar gel de *Aloe* en la parte afectada por la molestia con delicados masajes rotatorios. En casos particularmente graves se aconseja cataplasmas y vendajes que deben mantenerse toda la noche.

Vesículas: acumulación de liquido seroso debajo de la piel que forma una prominencia en forma redonda u ovoidal. Las causas más frecuentes de la formación de las vesículas son las quemaduras, incluidas las solares (*ver* **Quemadura solar**) y el frote producido por el uso prolongado de calzado incomodo y estrecho. Las vesículas se curan espontáneamente y por lo tanto no se deben reventar. La presencia de vesículas no causa dolor, sin embargo, si las vesículas se rompen dejando salir el líquido seroso (cuya función es la de almohada protectora de los tejidos dañados), la quemazón intensa de la herida abierta puede ser mitigada con cataplasmas de jugo de *Aloe*, aplicados en el sitio afectado varias veces en el día.

La cura de los parásitos intestinales según los antiguos recetarios de la tradición

"Consigue el ajenjo y ponlo a hervir en vinagre blanco; añade un poquito de jugo de *Aloe* y limón; aplica esta mezcla, como un cataplasma sobre el estómago y el ombligo del paciente. En la preparación de la mezcla acuérdate de añadir, cuando el ajenjo hierve, también un poquito de harina de lupinos".

Tomado de **Fitoterapia y medicina** *(entre el pasado y el presente)*
De Salvatore Pezzella, Orior, Perugia, 1997, p 158.

El *Aloe* y los animales domésticos

Entre las muchas propiedades terapéuticas del *Aloe*, hemos comprobado que desintoxica, limpia, estimula la producción de endorfinas (de potente efecto analgésico), es analgésico y antibiótico; estas propiedades útiles para el bienestar del hombre pueden mejorar también la calidad de vida de los animales.

Los productos a base de *Aloe* encuentran una amplia aplicación veterinaria tanto para el cuidado de los animales domésticos más pequeños como pájaros, perros y gatos, como para el tratamiento de animales de corral, caballos, vacas y ovejas.

En seguida anotamos algunas de las principales molestias que afectan, en particular, perros, gatos y el remedio propuesto.

Bolas de pelo: los gatos están frecuentemente sometidos a este molesto inconveniente que provoca violentos ataques de tos, intentos de vómito y produce bloqueos intestinales.

La acción laxante del *Aloe* permite al animal expulsar naturalmente las bolas de pelo, presentes en el estómago, a través de las heces. La posología sugerida indica mezclar la comida del gato con 4 cucharadas de jugo puro de *Aloe* por una semana.

Histeria: suministrar *Aloe* produce efectos sorprendentes también en el equilibrio neurológico del perro más intratable y nervioso. Posología aconsejada: Añadir en la vasija del agua del animal, algunas cucharadas de jugo puro de *Aloe* (de 5 a 10 según el tamaño del perro) y combinar la terapia con extractos de manzanilla o valeriana.

Infecciones del oído: después de una cuidadosa limpieza, curar el oído del animal interna y externamente con jugo puro y crema a base de *Aloe*. El tratamiento debe repetirse mañana y noche hasta la desaparición de los síntomas.

Pulgas y parásitos: a menudo, el uso de espray y collares antipulgas no bastan para alejar los parásitos, más bien parecen ser perjudiciales y dañinos para la salud del animal. El *Aloe* muestra ser un óptimo antiparasitario y por sus numerosas sustancias analgésicas favorece la disminución del prurito.

Se aconseja lavar todos los días al perro (o al gato) con una loción champú a base de *Aloe* y jabón, y masajearlo luego con jugo puro de *Aloe*.

Roña: infección contagiosa de la piel de los animales domésticos (especialmente del perro) que puede afectar también al hombre. Acudir a un champú, combinado con masajes de jugo concentrado de *Aloe* es una solución rápida y eficaz.

Se aconseja, además, añadir 4 cucharadas de jugo de *Aloe* en la vasija del perro en las dos comidas principales en la fase aguda de la infección; 2 cucharadas en la semana siguiente a la desaparición de los síntomas (desaparición de las manchas rojas y nuevo crecimiento del pelo).

Tiña: enfermedad infecciosa (hongos) frecuente en los gatos que puede afectar también al hombre. Ante todo, se aconseja aislar al animal infectado de las personas y de otros animales domésticos. Para el tratamiento, lavar a diario las zonas afectadas por la tiña con una loción champú a base de *Aloe* y masajear con el jugo puro. Añadir al alimento 2 cucharadas de jugo hasta la desaparición de los síntomas. Por cuatro semanas continuar añadiendo una cucharada de jugo en las comidas principales. Además, un buen espray a base de *Aloe* puede aliviar en el caso de articulaciones inflamadas, artritis, abscesos, tronchaduchas, calambres, cortaduras, mordeduras o picaduras de otros animales.

El *Aloe* en la cocina

Los extractos de *Aloe* se usan como aromatizantes, especialmente en las bebidas alcohólicas o no alcohólicas y en los postres, para agregarles un toque de sabor amargo.

El máximo nivel del extracto que se utiliza es de 0,02% en las bebidas alcohólicas, y 0,05% en los postres; los extractos pueden ser tinturas o extractos muy diluidos, ya que los extractos estándar (es decir, aquellos utilizados en la industria farmacéutica y cosmética) contienen antraglicósidos y otros principios activos lo suficientemente potentes para no ser considerados inocuos para la salud o tratarlos como normales aditivos alimenticios.

El *Aloe* es, además, muy usado como materia prima o aditivo en la preparación de alimentos o bebidas macrobióticas. La planta del *Aloe* fue utilizada por primera vez en la industria alimenticia en 1970 y la bebida extraída del *Aloe vera* tiene una gran difusión, no sólo en Estados Unidos sino también en el otros países, especialmente en Japón. Existen en el comercio distintos alimentos a base de *Aloe vera:*

- Té de *Aloe*.
- Jugo de gel de *Aloe*, jarabe de *Aloe*, bebidas a base de *Aloe*, miel y agua mineral.
- Caramelos y chicles de *Aloe*.
- Productos alimenticios enlatados a base de *Aloe*, etc.

Los riesgos de intoxicación

Muchos piensan que el *Aloe*, por ser una planta, no es nociva: en realidad también los "productos naturales" pueden tener contraindicaciones si se consumen en dosis exageradas o en situaciones contraindicadas. La planta no es "tóxica" por ella misma, se vuelve tóxico el uso inadecuado que, en algunas ocasiones, hace el hombre de ella.

Todos los casos conocidos por intoxicación con *Aloe* tienen como causa una sobredosis de aloína y aloemodina, que siendo dos sustancias hidrosolubles, son rápidamente absorbidas por el organismo. El sabor decididamente amargo de estas dos sustancias debería servir para alejar los riesgos unidos a la posible sobredosis de estas sustancias.

La cautela y el sentido común son indispensables en el suministro de la aloína o en los demás principios activos vegetales: la dosificación desproporcionada determina la toxicidad.

Se desaconseja el uso prolongado, especialmente en dosis elevadas, pues puede causar daños en el colon, calambres abdominales, náuseas, vómito, diarrea y coloración anormal de la orina. Normalmente los laxantes a base de aloína que están disponibles en las farmacias deberían ser tomados por breves periodos de tiempo, como todos los laxantes de origen vegetal o químico.

El *Aloe* que ha sido privado de aloína por decorticación de las hojas o a través de tratamientos no requiere precauciones de uso, a excepción de rarísimos casos de alergia a otros elementos presentes en el jugo.

En el verano del 2002, en Italia, una polémica envolvió a la opinión pública y al Ministerio de Salud alrededor de la supuesta peligrosidad de algunos fármacos laxantes a base de *Aloe* y cáscara, prohibidos en los Estados Unidos por la agencia de vigilancia sobre la eficacia y la seguridad de los fármacos (*Food and Drug Administration* FDA) pero de venta libre en otros países.

Se trata, en la mayor parte de los casos, de laxantes de consumo prolongado muy difundidos desde hace varios años.

En el verano del 2002 se levantaron algunas protestas por la falta de acción del servicio de vigilancia farmacológica italiano ante la advertencia sobre quince medicinas, por parte de la prestigiosa agencia FDA de Estados Unidos, que debía haberlo alarmado e inducido a suspender la venta de esos productos como una medida de seguridad.

El Ministerio de Salud intervino con un comunicado (n.199) del 9 de agosto de del 2002 para tranquilizar a la opinión pública, argumentando la falta de fundamento de tanta alarma y precisando que la decisión de la FDA (9 de mayo del 2002) con relación al retiro del mercado de determinados productos obedecía a la falta de acato por parte de los productores del requerimiento de presentar datos actualizados sobre la eficacia y la seguridad. Se trata, por lo tanto, no de

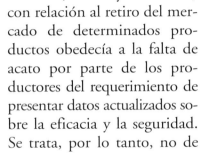

evidencia de riesgo sino de inobservancia, por parte de las casas productoras de esas 15 medicinas, de proporcionar la documentación actualizada. De otro modo no se explicaría cómo otros fármacos que contienen *Aloe* obtuvieron la certificación de calidad. Ninguna de las investigaciones científicas de tantos años sobre el *Aloe* ha encontrado o atestiguado peligro para la salud del hombre, con una evidencia tal que haga desaconsejar o prohibir su uso. En Italia, el sistema de vigilancia farmacológica trabaja en sinergia con organismos, por encima de los nacionales, como la agencia EMEA. En el ámbito de esta actividad, cada información concerniente a cualquier fármaco es atentamente examinada por expertos de la CUF. Por lo que se refiere a los laxantes, la CUF publicó en el 1998 un folleto que contenía las pautas para una correcta información a los pacientes, en el que es **recomendado un uso ocasional de tales productos.**

Conclusión

La naturaleza nos ofrece otros remedios

Acerola
Malpighia glabra L.
Arbusto siempre verde, originario de la India occidental, que se encuentra también  en América meridional, en Florida y Texas. Los frutos de la acerola son riquísimos en vitamina C, ácidos orgánicos y sales minerales. No se aconseja en caso de intensa actividad deportiva, embarazo, lactancia, síndromes gripales o resfriados. Particularmente indicada para los fumadores que necesitan un mayor aporte de vitamina C.

Agraz (Mirtillo)
Vaccinum myrtillus L.
Pequeño arbusto que crece común y abundantemente en los bosques de coníferas en la zona montana y submontana de Europa, Asia y América septentrional. Sus frutos eran utilizados antiguamente como colorantes para telas. Los productos a base de bayas por su acción protectora capilar (acción vitamínica P) encuentran uso principalmente en oftalmología para el tratamiento del cansancio visual, de la miopía y de las retinopatías diabéticas y no. Estos preparados mejoran la ceguera nocturna (hemeralopia) es decir la mala adaptación del ojo a la disminución de la intensidad de la luz. Durante la Segunda Guerra Mundial, se suministraba a los pilotos de la aviación inglesa mermelada de mirtillo, para mejorar su visión nocturna. Las bayas de mirtillo tienen también propiedades antimicrobiales, sobretodo sobre bacilos coli que a veces causan cistitis o diarreas. Un uso prolongado y con amplias dosis de preparados de mirtillos podría causar un ligero estreñimiento.

Ajo
Allium sativum L.
Planta cultivada desde tiempos antiguos. Su nombre "ajo" parece que deriva de la

palabra celta "all" que significa "quemante". El ajo, de hecho, posee actividad antiséptica y bactericida, fluidificante del catarro de los bronquios y expectorante. Estos atributos lo hacen útil en el tratamiento de las bronquitis crónicas y de las enfermedades del aparato respiratorio en general. Además su acción de antiagregante plaquetario, antiateromatosa, hipocolesterolemizante e hipoglicemiante lo hacen útil en las arteriosclerosis, la hipertensión arterial, la hipercolesterolemia y la diabetes. El ajo es también activo contra los gusanos intestinales. Los preparados a base de ajo podrían ser contraindicados en los casos de gastritis agudas y crónicas, puesto que son altamente irritantes de la mucosa gástrica. No son aconsejables durante el embarazo por el efecto emenagogo.

Alcachofa
Cynara scolymus L.
Los preparados a base de hoja de alcachofa son utilizados en las molestias hepáticas y biliares, en las molestias metabólicas como el colesterol y los triglicéridos altos y en la diabetes de los ancianos. La alcachofa es importante en la prevención y tratamiento de los daños del hígado debidos a sustancias tóxicas de variado origen y puede ser de valiosa ayuda en las digestiones lentas y dificultosas, en la somnolencia después de almuerzo y en todos los casos de dietas desequilibradas,

sobretodo, excedentes en grasas animales. Los preparados a base de alcachofa no son aconsejables en presencia de pequeños cálculos biliares, porque son colecistíticos.

Bardana
Arctium lappa L.
Ha sido considerada siempre, desde los tiempos antiguos, como un buen depurativo, como también ha sido apreciada su acción diurética, colerética e hipoglicemizante. La bardana además es útil en el tratamiento del acné, la seborrea, la furunculosis y otras dermopatías que mejoran gracias a la acción depurativa que estimula la secreción hepatobiliar y la diuresis.

Blancospino
Crataegus oxyacantha L.
El blancospino es utilizado en las fases iniciales de la insuficiencia cardiaca, siendo un activante de la circulación coronaria es utilizado para los corazones seniles que aún no necesitan fármacos. Esta planta es también un sedante del sistema nervioso y es un buen antiespasmódico. Es un calmante del corazón y sus preparados se utilizan en la taquicardia, las leves arritmias y en casos de excesiva emotividad. Puede, además, resultar útil en el tratamiento del insomnio ansioso.

Cardo mariano
Silybum marianum Gaert.

Es una planta herbácea que nace espontáneamente en lugares incultos de la Europa meridional, Asia central y América meridional: su nombre está ligado a una leyenda sobre la Virgen María. Antiguamente sus hojas eran usadas como medicamento "amargo", hoy en cambio se usan sus frutos. Los preparados de cardo mariano tienen acción protectora y curativa sobre las membranas celulares del parénquima hepático. Extensas experiencias clínicas han confirmado la eficacia del cardo mariano en las cirrosis hepáticas, en la degeneración grasa del hígado y en la mejoría del estado general con aumento del apetito en sujetos con hepatitis crónica.

Centella
Hydrocotile asiatica L.

Es una pequeña planta herbácea, que nace espontáneamente en vastas zonas de la India, en Pakistán y en terrenos húmedos y sombreados del África meridional y América central. La centella tiene un típico tropismo hacia el tejido conectivo, actuando como normalizador en los procesos patológicos de este tejido. Los preparados a base de centella están en capacidad de mejorar la evolución de las enfermedades de las venas y de prevenir las complicaciones. Por lo tanto la centella es útil en casos de cansancio en las piernas, de várices, úlceras varicosas, telangiectasia (aparición de antiestéticos capilares) y gracias a su acción antiinflamatoria es utilizada en el tratamiento de la celulitis. Los preparados a base de centella son contraindicados durante el embarazo por su efecto emenagogo.

Crisantemo americano
Chrysantemum americanum Vatke

El crisantemo es una pequeña planta que nace espontáneamente en las pobres y silíceas zonas montañosas del África y de América meridional. En las Antillas la llaman "la pequeña planta que limpia", haciendo referencia a su acción depurativa. El crisantemo es utilizado en la terapia de hepatitis crónicas (cirrosis alcohólica o tóxica) y de insuficiencias hepáticas, como también en los cálculos biliares. Presenta además una acción hipolipemiante, dirigida especialmente a las hipertrigliceridemias. Su acción vasoprotectora y antiinflamatoria lo convierten en protector terapéutico de las hemorroides, várices y de las molestias de la microcirculación. El crisantemo podría provocar episodios de gastralgia; en ese caso se aconseja consumirlo con el estómago lleno.

Diente de león
Taraxacum officinale Weber

Planta herbácea con una gruesa raíz carnosa, originaria de las regiones asiáticas, crece en prados y en terrenos cubiertos de pasto. La medicina popular la ha utilizado siempre como "depurador" de la sangre y en el tratamiento de eczemas y urticaria. Los preparados a base de diente de león estimulan el flujo biliar y mejoran las molestias digestivas causadas por un mal funcionamiento del hígado y la vesícula biliar. El diente de león tiene una excelente acción diurética, y es por esto que se usa para combatir la celulitis y otras inflamaciones causadas por retención de líquidos. Los preparados a base de diente de león son contraindicados para personas con pequeños cálculos biliares o que sufran de úlcera péptica, porque estimulan los jugos gástricos.

Eleuterococo

Eleutherococcus senticosus Maxim

Es un arbusto espinoso que crece espontáneamente en Siberia y en algunas regiones de la China, Corea y Japón. El eleuterococo es conocido también como "gingseng siberiano". Con seguridad el eleuterococo no es tan conocido como el gingseng; aun así hay que decir que esta raíz es utilizada por la medicina tradicional china desde hace más de dos mil años para prevenir las infecciones de los bronquios, para los resfriados y las influenzas. La raíz del eleuterococo tiene propiedades tónico adaptógenas, aumenta el vigor y la resistencia física y eleva el nivel de resistencia a estímulos estresantes; ha sido utilizada por equipos que han competido en las olimpíadas y por los astronautas rusos. Los preparados a base de eleute-

rococo son contraindicados en los casos de presión alta, porque aumentan el nivel de adrenalina.

Equinácea

Echinacea pallida Nutt.

Esta planta fue un medicamento fundamental para los indios de las llanuras que la utilizaban para todos los tipos de heridas, para las picaduras de insectos, dolor de muela, encías adoloridas y para los resfriados. El uso preferido de los preparados a base de equinácea es la profilaxis, y el tratamiento de enfermedades por enfriamiento y en la prevención de la influenza. De hecho, la equinácea determina un aumento de las defensas a través de una estimulación específica del sistema inmunológico. Además, inhibe la hialinoridaxis de los tejidos, reduciendo así la difusión de las infecciones. Esta planta posee también acción antiinflamatoria, aprovechada en la terapia de la prostatitis. Estudios recientes han confirmado la acción antiviral de la equinacea sobre diferentes virus, de manera específica contra los virus del ARN (virus de la influenza) y del ADN (herpes simple). Los preparados a base de equinacea son contraindicados en las enfermedades autoinmunitarias, en la esclerosis múltiple y en la colagenosis por una posible estimulación de los fibroblastos, en las infecciones de VIH y en la tuberculosis.

e Indochina. En fitoterapia se utiliza el extracto estabilizado de la cáscara, rico en ácido hidroxicítrico. Recientes investigaciones farmacológicas han confirmado la acción adelgazante de la garcinia, ya que sus preparados reducen el apetito y desaceleran la síntesis de triglicéridos por parte del organismo favoreciendo la producción de energía y también la reducción de la hipercolesterolemia.

Garra del diablo
Harpagophytum procubens D.C.

Se llama así por la forma de sus grandes frutos, curvos como garras, que se pegan a las patas de los animales que los pisan, hiriéndolos. Crece en la sabana de Kalahari. De esta planta se utiliza la raíz secundaria tuberculizada. Tiene una fuerte acción antinflamatoria, útil en los casos de reumatismo crónico, artritis, artrosis cervical y lumbar. Tiene además una fuerte acción hipocolesterolemizante. El extracto seco de esta planta es bien tolerado mientras que la infusión o el hervido pueden provocar náuseas. Los preparados a base de garra del diablo están contraindicados en caso de úlcera péptica, porque estimulan la secreción gástrica, y en presencia de pequeños cálculos en la vesícula biliar porque son colecistíticos.

Ginkgo
Ginkgo biloba L.

El ginkgo es el árbol viviente más antiguo de la tierra. Es originario del Japón y de la China fue introducido en Europa en el

Equiseto
Equisetum arvense L.

El equiseto, llamado también "cola de caballo", por sus ramas delgadas que se asemejan a la cola de un caballo. Crece en los prados húmedos y a lo largo de las corrientes de agua, en extensas zonas del mundo. De esta planta se utilizan los tallos, que se recogen durante el verano. El equiseto es indicado como diurético en las inflamaciones y en las infecciones de las vías urinarias (cistitis, uretritis, prostatitis), como también en las litiasis renales. Por su riqueza en sales minerales es un válido remineralizante para utilizar en las osteoporosis, después de las fracturas óseas y en los casos de uñas y cabellos frágiles. El equiseto tiene propiedades diuréticas, y por lo mismo puede reducir las reservas de potasio del organismo.

Garcinia
Garcinia cambogia Desr

La garcinia es una típica planta de las regiones costeras del sur de la India, Filipinas siglo XVIII. En fitoterapia se utilizan las hojas, mientras los chinos utilizan también las semillas. Los preparados de ginkgo aumentan considerablemente el flujo de sangre al cerebro, mejorando la circulación en las arterias profundas de mediano y pequeño calibre y mejoran la oxigenación de la sangre. Numerosos estudios clínicos han demostrado, además, que el ginkgo mejora la memoria, aumenta el control, la atención y la concentración de los sujetos ancianos. Es además un óptimo fitogeriátrico capaz de combatir las manifestaciones del envejecimiento del sistema circulatorio. Tiene además un efecto inhibitorio en la agregación plaquetaria, reduciendo la tendencia a la formación de peligrosos coágulos o trombos. Los preparados de ginkgo, interfiriendo con el PAF (Platelet Activation Factor), tienen una acción antialérgica y contribuyen en la prevención de ataques asmáticos. Recientes investigaciones han demostrado que el ginkgo es un óptimo antioxidante que contrarresta la formación de radicales libres, dañinos para el organismo. Por dosis muy elevadas, en raras ocasiones, los preparados a base de ginkgo han ocasionado molestias intestinales y ligero nerviosismo en los consumidores.

Ginseng
Panax ginseng Meyer
El ginseng nace espontáneamente en las montañas boscosas de la zona templada del Extremo Oriente, en Nepal, Manchuria y Corea. Considerando el gran pedido mundial de esta raíz, hoy es extensivamente cul-

tivado en China, Corea, Japón y Rusia. El nombre ginseng viene del chino "Jen Chen" que significa raíz de la vida. La raíz de ginseng es utilizada desde hace más de 3000 años en la medicina tradicional china y en los libros de antiguos médicos siempre tuvo un puesto relevante. Experiencias clínicas han demostrado que los preparados a base de ginseng aumentan la eficiencia física y síquica, y la capacidad de adaptación a situaciones desfavorables. Por lo tanto aumenta la resistencia del organismo al ataque de virus y bacterias y otros factores estresantes y es también muy eficaz para contrarrestar el cansancio, el sobreesfuerzo, la debilidad general y nerviosa así como las molestias unidas al envejecimiento. El ginseng es contraindicado para la hipertensión y durante el embarazo. Dosis elevadas y un uso prolongado pueden provocar agitación e insomnio.

Grosellero negro (Ribes)
Ribes nigrum L.
Pequeño arbusto espontáneo de la Europa central y oriental, extensamente cultivado por sus frutos. En fitoterapia se utilizan las yemas y las hojas. Los preparados a base de ribes negro tienen acción antialérgica, antinflamatoria, antirreumática y diurética.

Son útiles en alergias de variada naturaleza (rinitis, asma y afecciones reumáticas).

Heno griego (Alholva)
Trigonella foenum-graecum L.

El heno griego se cultiva principalmente como forraje, y es originario de Asia oriental. En fitoterapia se utilizan las semillas maduras. Es un tónico anabolizante reconstituyente y por ello es indicado en los trastornos de la nutrición, del crecimiento y en la excesiva delgadez. Puede ser utilizado por aquellos que practican una actividad física intensa y en las convalecencias. Además, su acción hipoglicemiante puede ser aprovechada en las formas ligeras de la diabetes senil. Los preparados a base de heno griego no son aconsejables durante el embarazo por su efecto emenagogo.

Hinojo
Foeniculum vulgare Miller

Crece espontáneamente en el área mediterránea, África septentrional y Asia occidental. Ya es extensamente cultivado en todo el mundo por sus frutos (semillas) y su raíz carnosa. El herbólogo inglés Nicholas Culpepper, en 1600, recomendaba las semillas (frutos) de hinojo para eliminar los gases intestinales, aumentar la secreción láctea y alejar el disgusto que en ocasiones oprime el estómago de los enfermos. La fitoterapia contemporánea recomienda los preparados a base de hinojo para combatir los gases intestinales, como calmante de los cólicos por gases, para las dispepsias gástricas y para aumentar la producción de leche. La infusión de semillas de hinojo es indicada en el tratamiento de los cólicos por gases de los lactantes. Los preparados a base de hinojo no son aconsejables durante el embarazo, a causa de su efecto emenagogo.

Hipérico (Hierba de san Juan)
Hypericum perforatum L.

Es llamado también "hierba de san Juan" porque florece alrededor del 24 de junio día de san Juan. Planta herbácea perenne que crece comúnmente en los campos abandonados de Europa, África y América septentrional. En algunas zonas de Italia, según la tradición, maceran las inflorescencias frescas de hipérico en aceite de oliva en un vaso de vidrio transparente, dejado al sol por un mes. El preparado toma un color rojo sangre, y es muy eficaz en las quemaduras, en los eritemas solares, en todas las inflamaciones de la piel y, aplicado localmente, es un remedio "casi milagroso" para las hemorroides externas. En fitoterapia se utilizan las inflorescencias.

En Alemania existen muchas especialidades médicas a base de hipérico registradas en el Ministerio de Salud para el tratamiento de la depresión leve y moderada. El hipérico tiene una acción calmante, mejora el tono del humor y evita la irritabilidad. Recientes estudios clínicos han confirmado que tanto los síntomas depresivos (humor deprimido, ansiedad, pérdida de interés, sensación de inutilidad, disminución de la actividad) como los síntomas secundarios (molestias del sueño, falta de concentración, molestias físicas) mejoran significativamente. Además confirman la completa ausencia de efectos colaterales en la terapia con hipérico. Los preparados a base de hipérico son contraindicados durante el embarazo, por su efecto emenagogo. Prolongadas dosis de hipérico pueden causar fotosensibilización de la piel: durante la terapia con hipérico no es aconsejable la exposición a los rayos solares o a lámparas bronceadoras.

Mijo
Panicum miliaceum Blanco
El mijo fue uno de los primeros cereales consumidos por el hombre, y aún hoy es el más difundido en África. Se utiliza la cariópside vulgarmente llamada "semilla". En Occidente el cultivo del mijo ha sido ya abandonado, no obstante es un cereal muy gustoso, nutritivo, ligero y energético y mucho más rico en sales minerales que otros cereales más conocidos. Los naturistas lo consideran un alimento antiestrés y un alimento "de belleza" por su acción sobre la piel. Como bioactivador dermoepidérmico,

aumenta la resistencia y la elasticidad de la piel. Como agente queratoplástico tiene la facultad de estimular la producción y la defensa del patrimonio queratínico de las uñas y los cabellos. Además refuerza el esmalte de los dientes. Para aquellos que no pueden comer mijo, existen concentrados en cápsulas que proporcionan todas las benéficas sustancias presentes en este cereal.

Pasiflora
Passiflora incarnata L.
Planta enredadera perenne, que puede alcanzar algunos metros de altura. Las flores blanco-violáceas presentan una estructura característica que ha determinado el nombre de "flor de la pasión": el círculo de los filamentos de la flor simboliza la corona de espinas; los estigmas, con su forma particular, semejan los clavos de la pasión. La pasiflora es originaria de América centro-septentrional, ampliamente cultivada como ornamental y medicinal. Los preparados de pasiflora son usados como sedantes, y contra el insomnio y en las molestias nerviosas, sobre todo de los niños.

Piña (Ananás)
Ananas sativa Lindl
Se cultiva como fruto alimenticio en la mayor parte del mundo. En cambio en fitoterapia se usa el tallo de la infrutescencia, rico en enzimas, de las cuales la más importante es la bromelina. El ananás ha sido utilizado siempre para facilitar la digestión. Últimamente, los preparados a base de tallo de ananás, ricos en bromelina, la cual

tiene una intensa acción fibrinolítica, son ampliamente utilizados en la terapia de los procesos inflamatorios, mejorando la circulación local y reduciendo de esta manera la inflamación. Encuentran uso además en la terapia de inflamaciones locales, en las celulitis, en las dificultadas digestivas ocasionadas por dietas hiperprotéicas. Los preparados a base de tallo de ananás podrían ser contraindicados en los casos de úlcera péptica.

Rosa silvestre
Rosa canina L.
Arbusto espinoso muy ramificado que crece comúnmente en estado natural entre grupos de arbustos y en los bosques de Europa, de algunas zonas de Asia y de América. En fitoterapia se usan los frutos sin semillas. La *Rosa canina* debe su nombre a la creencia popular que sus raíces curaban la rabia,

contraída por mordida de perro. Se aconseja en caso de intensa actividad deportiva, embarazo, lactancia, síndromes de influenza, gripas. Además, los fumadores tienen necesidad de un mayor aporte de vitamina C.

Té verde
Camellia thea Link
Planta originaria de China y de India septentrional, introducida después en Ceilán, África tropical y el Cáucaso. El té que se encuentra en el comercio tiene nombres diferentes, que pueden indicar tanto su origen como el sistema de secado. Mientras que para obtener el té negro es necesario dejar fermentar las hojas durante el proceso de secado, para el té verde no hay fermentación: las hojas son tratadas con vapor para inactivar las enzimas para ser posteriormente secadas. El té verde tiene acción diurética, cardiotónica y astringente; por su alto contenido de polifenoles tiene una gran acción antioxidante, a diferencia del té negro. En fitoterapia, los preparados a base de té verde se utilizan en los tratamientos adelgazantes, porque estimulando la termogénesis ayuda a quemar grasas, y como antiedad, por la gran acción contra los radicales libres. Los preparados a base de té verde son contraindicados para úlcera péptica puesto que estimulan la secreción gástrica. Dosis elevadas o tomas nocturnas pueden provocar agitación y/o insomnio.

Toronjil (Melisa)
Melissa officinalis L.
Planta herbácea con un característico olor a limón. Originaria de las regiones del

Mediterráneo, crece en terrenos frescos de toda Europa; hoy en día es extensamente cultivada. Los preparados a base de melisa tienen una acción calmante, sedativa y espasmolítica gástrica; por ello son usados en las dispepsias gástricas de origen nervioso, en las palpitaciones cardíacas, en la ansiedad, contra el nerviosismo y el insomnio. La melisa es contraindicada durante el embarazo por su efecto emenagogo y en los sujetos hipotiroideos.

Uña de gato

Uncaria tomentosa Willd, D.C.

Planta enredadera, de tronco leñoso que crece en la selva amazónica desde el nivel del mar hasta los 500 metros. Las poblaciones indígenas la llaman "uña de gato" por su semejanza con las uñas de estos felinos. En fitoterapia se usa la corteza. Los preparados a base de uña de gato tienen una fuerte acción antiinflamatoria. Son utilizados en la profilaxis y en el tratamiento de enfermedades por enfriamiento, y siempre que sea necesario reforzar el sistema inmunológico. Su acción antiinflamatoria es útil para el tratamiento de reumatismos y artrosis.

Los preparados a base de uña de gato son contraindicados para enfermedades auto inmunes, la esclerosis múltiple y la colagenosis, por una posible estimulación de los fibroblastos, en las infecciones de VIH y en la tuberculosis.

Valeriana

Valeriana officinalis L.

Planta herbácea originaria de Europa y de Asia aclimatada también en el noreste de América. Dada la gran demanda del mercado, la valeriana se cultiva extensivamente, especialmente, en los países de Europa del este. La valeriana es seguramente una de las plantas más usadas como calmante y sedante. Numerosos estudios clínicos confirman esta acción. Los preparados a base de valeriana se utilizan en estados de ansiedad, agitación y nerviosismo, insomnio o palpitaciones cardiacas. Dosis excesivas de valeriana o terapias muy largas pueden provocar irritación gástrica o síntomas de cefalea.

Bibliografía

AA.VV., *Tutto su… le piante medicinali. Quali scegliere, come utilizzarle*, Red/Studio Redazionale, Milano, 2001

AA.VV., *Piante aromatiche e medicinali*, Demetra, Verona, 2000

AA.VV., *Erbe e piante medicinali. Guida pratica alla medicina naturale*, Vallardi Industrie Grafiche, Milano 1998.

AA.VV., *Piante medicinale e AIDS. Piante antivirale e immuno/modulanti utilizzate nel'infezione da HIV e nelle malattie correlate*, Tecniche Nuove, Milano, 1997.

AA.VV., *Arte farmaceutica e piante medicinali. Erbari, vasi, strumenti e testi dalle raccolate liguri*, Pacini, Pisa, 1996.

AA.VV., *Aloe arborescens*, Blu Internacional Studio, Borgofranco d'Ivera, n.d.

BARCROFT A., *L'aloe. Virtù terapeutiche di un prodigioso rimedio Della natura*, Hermes Edizioni, Roma, 1998.

BELAICHE P., *Manuale pratico di fitoterapia familiare. Per curarse efficacemente con le piante e le erbe medicinali*, Red/Studio Redazionale, Milano 1998.

BERGERET C. – TETAU M., *La nuova fitoterapia*, Edizioni del Riccio, Firenza, 1996.

BERINGER A., *Aloe vera, Belli e sani in modo naturale con l'estrato puro di aloe vera*, Macroedizioni, Diegaro di Cesena, 1999.

BRIGO B., *Natura medicatrix. 350 sindromi cliniche in omeopatia, fitoterapia, gemoterapia, oligoterapia, fitoterapia, oli essenziali*, Tecniche Nuove, Milano, 2001.

BRIGO B., *Fitoterapia dalla A alla Z*, Tecniche Nuove, Milano, 1995.

CAMPANINI E., *Ricettario medico di fitoterapia*. Formulario pratico per medici e farmacisti, Tecniche Nuove, Milano, 2000.

CAMPANINI E., *Dizionario di fitoterapia e piante medicinali*, Tecniche nuove, Milano, 1998.

CAMPANINI E, *Fitoterapia e obesità. Trattamento del sovrappeso con le piante medicinali e con i gemmoderivati*, Tecniche Nuove, Milano, 1996.

CHEVALLIER A., *Guida alle piante medicinali. Come curare naturalmente disturbi cronici e affezioni più comuni*, Tecniche Nuove, Milano, 2001.

CHEVALLIER A., *Enciclopedia delle piante medicinali*, Idealibri, Rimini, 1997.

CHIEREGHIN P., *La salute con le piante. La cura delle malattie con le erbe medicinali*, Tecniche Nuove, Milano, 1997.

CRISPINI S. – LEVO C. – VIGONI MARCIANI A,. *Piante medicinali per la donna. Fitoterapia ginecologica per l'età pediatrica, l'età fertile, la gravidanza, l'allattamento e la menopausa*, Erga, Genova, 1998.

DENZIO G. – GRANDI M. – VIGONI MARCIANI A., *Vivere meglio le terapia anticancro con le piante medicinali. Consigli dietetici e comportamentali*, Tecniche Nuove, Milano, 2000.

DI LEO M., *Fitoterapia. Un aiuto dalla natura sorgente di vita, di salute e di bellezza*, Edizioni GB, Padova, 1997.

FIRENZUOLI F., *Fitoterapia. Guida all'uso clinico delle piante medicinali. Con

CD-ROM, Masson, Milano, 2002.

FIRENZUOLI F., *Fitoterapia per tutti i giorni. Prevenire e curare I disturbi più comuni con le erbe medicinali*, Tecniche Nuove, Milano, 1996.

FIRENZUOLI F., *Fitoterapia in otorinolaringoiatria. Come Utilizzare le piante medicinali nella cura delle malattie dell'orecchio, del naso e Della gola*, Tecniche Nuove, Milano, 1993.

FORMENTI A., *Alimentazione e fitoterapia. Metodología ed esperienze cliniche*, Tecniche Nuove, Milano, 1999.

FOSTER S. – LEUNG A., *Enciclopedia delle piante medicinali utilizzate negli alimenti, nei farmaci e nei cosmetici*, Aporie, Roma, 1999.

HODIAMONT G., *Piante medicinali in omeopatía*, Nuova IPSA, Palermo, 1989.

HUIBERS J., *Le piante medicinali contro lo stress*, Hermes Edizioni, Roma, 1989.

HUIBERS J., *Vincere l'ansia con le piante medicinali*, Hermes, 1989.

HUIBERS J., *Curare il mal di testa con le piante medicinali*, Hermes, 1988.

IGNESTI G. – MALECI L. – MEDICA A., *Piante medicinali. Botanica. Chimica. Farmacología. Toxicología.* Con CD - ROM, Pitagora, Bologna, 1999.

LAWLESS J. – ALLAN J., *Aloe vera. Le proprietà terapeutiche di una piñata versatile ed efficace*, Tecniche Nuove, Milano, 2000.

MALATESTA M. – VIGONI MARCIANI A., *Manuale di fitoterapia per i meno giovanni*, Tecniche Nouve, Milano, 1994.

MANSFIELD K., *l'aloe*, Mondadori, Milano, 1999.

MASCHENI P., *Al di là del sintoma. Come raggiungere, attraverso l'uso delle piante medicinali, benessere ed equilibrio*, Era Nouva, Ellera umbra, 1994.

MASSIN MILESI FERRETTI L. – MILESI FERRETTI G., *La coltivazione delle piante aromatiche e medicinali*, Edagricole, Bologna, 2001.

MORELLI I., *I principi attivi delle piante medicinali*, Edagricole, Bologna, 1981.

PERUGINI BILLI F., *Le nostre piante medicinali. Riconoscimento, proprietà, curiosità e utilizzo di 80 piante officinali della flora italiana spontanea*, Junior, Bergamo, 2000.

RIVA E., *L'universo delle piante medicinali. Trattato storico, botanico farmacologico di 400 piante di tutto il mondo*, Tassotti, Basano del Grappa, 1996.

ROMITI R,. *Aloe e melatonina*, Blu Interanational Studio, Borgo Franco d'Ivrea, 2001.

ROMITI R,. *Aloe: La ricetta brasiliana, detta di padre Romano Zago*, Blu Interanational Studio, Borgo Franco d'Ivrea, nd 2001.

SALÉ OMODEO L., *Piante medicinali e rimedi semplici della natura. Natura e spirito delle piante più comuni*, Macroedizioni, Diegaro di Cesena, 1998.

SCANNERINI S., *Mirra, aloe pollini e altre tracce. Ricerca botanica sulla Sindone*, Elledici, Torino, 1997.

SCHÖNFELDER P. – SCHöNFELDER I., *Atlante delle piante medicinali*, Muzzio, Roma, 1988.

SOTTE L., *Fitoterapia cinese*, Red/Studio Redazionale, Milano, 1997.

SOTTE L., *Farmacologia cinese. La fitoterapia. Principi, preparazione e uso dei rimedi vegetali*, Red/Studio Redazionale, Milano, 1992.

SPOLAORE L., *Piante medicinali. 18 gruppi di principi attivi, aplicazioni per la medicina e l'alimentazione*, Edizioni GB, padova, 2000.

TOSCO U., *Piante aromatiche e medicinali. 670 specie descritte e illustrate*, San Paolo Edizioni, Milano, 1989.

VIGNOLI F., *Consigli de medicina alternativa per i nostri piccoli animali. Fitoterapia, omeopatia, gemmoterapia, agopuntura*, Sigem, Modena, 2002.

WEISS RUDOLF F., *Trattato di fitoterapia*, Aporie, Roma, 1996.

ZANETTI RIPAMONTI G., *Piante medicinali nostre*, Casagrande, Bellizona, 1999.

ZANOTTI E., *Curarsi con le piante medicinali*, Edagricole, Bologna, 1997.